El contrato de transporte por carretera

(Ley 15/2009)

Alfonso Cabrera Cánovas

Biblioteca de Logística

El contrato de transporte por carretera
(Ley 15/2009)

Alfonso Cabrera Cánovas

*Manual práctico para aplicar la ley
que regula en España el contrato de transporte
de mercancías por carretera.*

Con la colaboración de:

www.logisnet.com

Biblioteca de Logística
Director: David Soler

El contrato de transporte por carretera (Ley 15/2009)
1.ª edición, 2010
1.ª reimpresión, 2011

© 2010, Alfonso Cabrera Cánovas
© de esta edición, incluyendo el diseño de la cubierta, ICG Marge, SL

Edita
Marge Books - València, 558, ático 2.ª - 08026 Barcelona
Tel. +34-932 449 130 - Fax +34-932 310 865 - www.marge.es

Gestión editorial: Hèctor Soler, Laura Matos, Anna Palacios
Edición: Sandra Martínez
Producción editorial: Miquel Àngel Roig
Colaboración editorial: Roser Pérez, Marta Cañigueral
Compaginación: Mercedes Lara
Impresión:

ISBN: 978-84-92442-94-2
Depósito Legal: B.

*A mi mujer, Juana Mari,
por hacerme cada día la persona que soy.*

Índice

Capítulo 4
El contrato: reconocimiento y examen de las mercancías, rechazo, disposición, impedimentos al transporte y riesgo de pérdida o daño

Capítulo 5
El contrato: entrega de la mercancía y su estado, derechos del destinatario, impedimentos en la entrega, precio del transporte y su pago, el impago, demora y reembolso. Extinción de los contratos

Capítulo 6
Depósito y enajenación de mercancías   87

Capítulo 7
Responsabilidad del porteador: imperatividad, supuestos, causas y presunciones de exoneración, indemnizaciones y su limitación. Reservas. Declaraciones de valor y de interés especial en la entrega   91

Capítulo 11

Capítulo 12

Capítulo 13

Capítulo 14

Capítulo 15

Capítulo 16

Abreviaturas

BOE — Boletín Oficial del Estado.

CC — Código de Comercio de 1885.

CGC — Condiciones Generales de Contratación. Orden de 25 de abril de 1997 por la que se establecen las Condiciones Generales de Contratación de los Transportes de Mercancías por Carretera (BOE del 7 de mayo, modificada por la Orden MFOM 3947/2005 de 9 de diciembre y por la Orden MFOM 2184/2008 de 23 de julio).

CMR — Convenio relativo al Contrato de Transporte Internacional de Mercancías por Carretera (al que se adhirió España por instrumento el 12 de septiembre de 1973, BOE 109 de 7 de mayo. Corrección de errores en BOE 15 de junio de 1995)

DEG — Derechos especiales de giro.

JAT — Junta arbitral de transporte.

LAR — Ley 60/2003 de Arbitraje de 23 de diciembre (BOE de 26 de diciembre).

LCTT — Ley 15/2009, de 11 de noviembre, del Contrato de Transporte Terrestre de Mercancías (BOE de 12 de noviembre).

LCS — Ley 50/1980 de Contrato de Seguro, de 8 de octubre (BOE de 17 de octubre).

LOTT — Ley 16/1987, de 30 de julio. Ley de Ordenación de los Transportes Terrestres (BOE 31 de julio).

MFOM — Ministerio de Fomento.

O.FOM 238 — Orden FOM/238/2003 de 31 de enero por la que se establecen normas de control en relación con los transportes públicos de mercancías por carretera (BOE de 13 de febrero). Orden del Ministerio de Fomento.

ROTT — Real Decreto 1211/1990, de 28 de deptiembre, por el que se aprueba el Reglamento de la Ley de Ordenación de los Transporte Terrestres (BOE de 8 de octubre).

El autor

 **Alfonso Cabrera Cánovas** (Murcia, 1973) se licenció en Ciencias Económicas y Empresariales en 1996. Inmediatamente después de su licenciatura, inició su carrera como profesor de Comercio Exterior, en la especialidad de Organización y Gestión Comercial, para la Consejería de Educación y Cultura de la Región de Murcia. Desde 1996 es profesor de Transporte Internacional de Mercancías, ciclo de grado superior en Comercio Internacional que imparte en el IES Príncipe de Asturias de Lorca (Murcia).

Aunque siempre ha estado vinculado a la formación profesional, desde 2005 ha impartido numerosos cursos y seminarios sobre transporte nacional e internacional, dirigidos a directivos y técnicos, y ha colaborado con asociaciones y corporaciones como la Cámara de Comercio de Lorca, Ceclor (Confederación de Empresas de la Comarca de Lorca), Sefcarm (Servicio de Formación y Empleo de la Región de Murcia) o ADL (Asociación para el Desarrollo de la Logística).

Alfonso Cabrera es autor de *La contratación del transporte internacional de mercancías*, donde aborda el proceso de contratación del transporte internacional de mercancías mediante cualquier medio, así como su relación con los Incoterms 2010.

www.formacionentransporte.es
alfonsoprofesor@yahoo.es

Presentación

La presente obra explica de manera práctica la aplicación de la Ley 15/2009 del Contrato de Transporte Terrestre de Mercancías (LCTT), y las consecuencias que dicha aplicación tiene en los procesos de contratación de servicio de transporte público de mercancías por carretera.

Asimismo, ofrece orientaciones y pautas de actuación a las partes contratantes, cargador y porteador, para defender sus intereses y prevenir posibles conflictos y controversias. Éstos son evitables si se aplican de manera correcta los derechos, las obligaciones, los procedimientos, los aspectos formales y las posibilidades que la citada norma establece.

El transporte es un elemento crítico de la cadena logística, y su correcta contratación supone un ahorro de costes y un factor competitivo imprescindible para la empresa, ya sea porteadora o cargadora.

Este libro es una herramienta para mejorar la gestión logística de las organizaciones a través de la contratación del transporte de mercancías por carretera, en el ámbito del Estado español.

Con un lenguaje claro, un enfoque eminentemente práctico y un análisis cercano a la realidad cotidiana de las empresas que contratan este tipo de transporte, se examinan los artículos que componen la nueva ley reguladora del contrato de transporte terrestre de mercancías.

En las páginas de esta obra se explica con detalle la regulación de aspectos básicos del proceso de contratación del transporte, como la responsabilidad del transportista, sus límites, las opciones de su ampliación, los derechos y las obligaciones de las partes respecto del contrato, la resolución de controversias, los aspectos formales del contrato como la carta de porte o el documento de control, la orden de carga, los plazos de reclamación, los formularios utilizados en las reclamaciones y la solicitud de intervención de una junta arbitral de transporte, entre otros.

El autor ha incluido, tras el análisis pormenorizado de la aplicación práctica de la nueva ley, tres capítulos finales. En el primero se analiza de manera práctica el papel que desempeñan las juntas arbitrales de transporte, como arbitraje institucional especializado en la resolución de conflictos derivados del cumplimiento de los contratos de transporte terrestre. En el segundo, se analiza el proceso monitorio como vía para reclamar deudas por transporte. En el tercero, se examinan los aspectos generales del contrato del seguro de transporte de mercancías por carretera en la medida en que, aunque independiente del contrato de transporte, ambos contratos guardan una estrecha relación.

Finalmente, encontramos dos casos prácticos documentados basados en operaciones reales. Incluye la formalización de los documentos usados habitualmente en el proceso de contratación del transporte, como la orden de carga o la carta de porte.

Como complemento final de estos casos prácticos, se exponen las controversias más comunes, como la formalización de reservas, la reclamación por pérdida o retraso, el impago de portes o la cuantificación de las paralizaciones, y la posible resolución de estas controversias aplicando la Ley 15/2009.

El autor pone a disposición de los lectores otros casos prácticos a los que se puede acceder en el sitio web www.marge.es. Con estos casos se intenta ofrecer un enfoque totalmente práctico del desarrollo de las operaciones, exponiendo las consecuencias que la formalización correcta y la fijación de aspectos como el plazo de entrega, el valor de las mercancías o la sumisión a una junta arbitral de transporte tienen en la resolución de las controversias que se suscitan en relación al cumplimiento de los contratos de transporte de mercancías por carretera.

El Editor

Introducción: del Código de Comercio a la Ley 15/2009 del Contrato de Transporte Terrestre de Mercancías

La regulación previa a la actual Ley del Contrato de Transporte Terrestre de Mercancías (LCTT), contrato de carácter mercantil, se recogía en diversas normas como el Código de Comercio (CC) en sus artículos 349 a 379 y otros, la Ley de Ordenación de los Transportes Terrestres (LOTT) y su Reglamento de la Ley de Ordenación de los Transporte Terrestres (ROTT), la Orden Ministerial de 25 de abril de 1997 por la que se establecen las Condiciones Generales de Contratación de los Transportes de Mercancías por Carretera (CGC), y la Orden del Ministerio de Fomento (O.FOM) 238/2003, de 31 de enero, por la que se establecen normas de control en relación con los transportes públicos de mercancías por carretera.

Toda esta normativa, fragmentada y en gran parte obsoleta, ofrecía inseguridad jurídica y problemas de aplicación, entre otras cosas, por el diferente rango normativo de cada una. Aun así, y a pesar de que a veces era incluso contradictoria, constituían la base jurídica con la que se regulaban los contratos de transporte de mercancías por carretera hasta el 12 de febrero de 2010, fecha de entrada en vigor de la LCTT.

El Código de Comercio, que data de 1885, no podía recoger las prácticas actuales en materia de contratación del transporte, ni adaptarse a la realidad en cuanto a vehículos (en el artículo 372 se habla de «caballería y carruajes»), ni a la multimodalidad del transporte o a las tecnologías de la información. En el preámbulo de la LCTT, por tanto, se tacha dicho código de anacrónico y desfasado. En la disposición derogatoria de la LCTT se suprimen los artículos 349 a 379 del CC, así como los artículos 951 y 952 en la medida en que afecten al transporte terrestre.

La LOTT, ley de derecho público y carácter administrativo, establece normas de aplicación general a los transportes terrestres (carretera y ferrocarril), y dispone en su artículo 24.2 que la Administración podrá aprobar contratos tipo en relación con los transportes de mercancías, y que sus condiciones serán aplicables, únicamente de forma subsidiaria o supletoria, a los que libremente pacten las partes por escrito en el correspondiente contrato.

El artículo 13 del ROTT incidía en esta potestad de la Administración que se concretó con la publicación de las CGC de 1997. La regulación del contrato de transporte vía ley administrativa no fue la mejor forma de actualizar el ordenamiento jurídico respecto al mismo, pero al menos permitió cierta actualización de los preceptos del CC.

Las CGC constituyeron hasta 2010 la norma que regulaba el contrato tipo de transporte de mercancías por carretera. Éste se aplicaba de forma subsidiaria, es decir, siempre que las partes no hubiesen pactado por escrito otras condiciones para sus contratos de transporte. Las CGC detallaban las partes del contrato, sus derechos y obligaciones, los plazos de reclamación, la formalización de la carta de porte, etc. Se inspiraban en el CC pero aportaban una gran dosis de actualización, ya que recogían la mayoría de las disposiciones del convenio CMR de 1956, que regula la contratación del transporte internacional de mercancías por carretera. Las CGC se componían de dos anexos: uno regulaba la contratación de la carga completa, y el otro el de carga fraccionada (paquetería). Aunque eran similares en muchos aspectos, diferían por ejemplo en los plazos de transporte, el encargado de realizar las labores de carga y descarga y los aspectos del seguro de transporte.

Un problema de las CGC es que su rango, orden ministerial, no permitía remitir a ellas ante el Tribunal Supremo. La disposición derogatoria de la LCTT declaró vigentes las CGC en lo que no se opusieran a lo dispuesto en la LCTT, y especifica su adaptación al contenido de ésta en el plazo de doce meses a partir de su entrada en vigor.

La O.FOM 238, que establece normas de control en relación con los transportes públicos de mercancías por carretera, también afecta, aunque sólo parcialmente, al contrato de transporte. Con el objetivo de mejorar las funciones de inspección y control para asegurar la transparencia del mercado, impone la obligación de documentar cada uno de los envíos en que se materialicen los contratos de transporte de mercancías por carretera en un «documento de control» con unos datos mínimos.

Y aun no siendo una norma que regule las condiciones del contrato de transporte, sí le afecta, pues el documento de control que se ha de emitir debe ser, en nuestra opinión, el mismo que se usa para formalizar el contrato de transporte; es decir, la carta de porte. Así, con la inspección de los documentos de control, se intenta evitar la competencia desleal de transportistas y el intrusismo en el sector.

Ley 15/2009 del Contrato de Transporte Terrestre de Mercancías

Esta ley supone, finalmente, un logro fundamental en la regulación del contrato de transporte. Tal y como se indica en su preámbulo, tiene por objeto actualizar el régimen jurídico del contrato de transporte de mercancías por carretera y por ferrocarril.

En este libro, se analiza en profundidad dicha norma en lo exclusivamente referente al contrato de transporte por carretera. Se reconoce también, en el preámbulo de la ley, la necesidad de actualizar la normativa que regule la contratación por ferrocarril en el momento histórico actual coincidente con su liberalización, así como sintonizar la regulación del contrato de transporte terrestre con la Ley General de Navegación Marítima, de manera que se actualice simultáneamente la mayor parte del derecho del transporte.

La génesis de la ley parte de trabajos iniciales de 2001. Su tramitación parlamentaria ha sido larga y se ha caracterizado por el consenso entre partidos políticos. Esto se refleja en el hecho de que se han incorporado al texto final la mayor parte de las enmiendas presentadas en el Congreso y el Senado.

La necesidad de esta ley se pone de manifiesto si se considera que, en el sector del transporte por carretera, hay más de cien mil empresas, que todos los cargadores recurren a contratar servicios regulados por esta ley de forma habitual, y que, en cuanto al reparto modal, el transporte por carretera supone la mayor parte del transporte nacional de mercancías.

Si a estos datos sobre su importancia, añadimos que es un sector muy competitivo y sujeto en los últimos años a periódicas crisis, huelgas y otros conflictos, podemos concluir que era absolutamente necesaria una regulación que actualizara este contrato, tal como la que viene a aportar la LCTT.

De hecho, el propio sector del transporte la había demandado reiteradamente. Como consecuencia del conflicto de 2008 (cierre patronal secundado sólo parcialmente pero que duró varios días), se suscribieron los Acuerdos de Junio,[1] que reunían un conjunto de medidas para mejorar la situación de crisis económica que padecía el sector. Estas medidas afectaban a diferentes ministerios y, en concreto en el punto 6 y respecto al Ministerio de Justicia, se adquiría el compromiso de reiniciar en la mayor brevedad posible la tramitación tendente a la aprobación del Proyecto de Ley sobre el contrato de transporte terrestre.

Este compromiso heredaba uno anterior, que puso fin a otro conflicto en 2005 mediante el Acuerdo de 24 de junio, en el que se tenía la intención de regular el contrato de transporte terrestre, tanto de viajeros como de mercancías. De hecho, el Anteproyecto de Ley de 2007 incluía una parte dedicada al transporte de viajeros, cuya regulación, finalmente, se ha excluido.

La LCTT, en su vertiente de carretera, se basa en el convenio CMR que regula los contratos de transporte internacional de mercancías por carretera desde 1956, en un intento de seguir el camino de otros países europeos que lo han incorporado a su ordenamiento jurídico interno, como Austria o Bélgica.

La opción de adoptar el CMR a escala comunitaria para los transportes nacionales habría supuesto una mayor uniformidad y, por tanto, una mayor simplicidad y seguridad jurídica. No obstante, la ley reconoce que tanto el CMR como el convenio CIM, que regula los transportes internacionales por ferrocarril, no se adaptan completamente

---

[1] Estos acuerdos se publicaron en el BOE de 14 de junio de 2008 mediante la Orden PRE/1664/2008, de 13 de junio, por la que se da publicidad al Acuerdo de Consejo de Ministros, a través del cual se toma conocimiento del Acuerdo de la Administración General del Estado con el Departamento de Transporte de Mercancías del Comité Nacional del Transporte por Carretera de 11 de junio de 2008.

a la regulación actual que se desea (por ejemplo, el CMR no regula quién debe realizar las operaciones de carga y descarga); por eso, se incorporan a la nueva ley preceptos propios que se adaptan mejor a la realidad del transporte nacional de mercancías por carretera en el siglo XXI.

La LCTT se reconoce como derecho dispositivo y, como ocurría con las CGC, las partes pueden pactar contratos con estipulaciones distintas a las de la LCTT, pues impera el principio de la libertad contractual. Esto supone un cambio radical respecto al CC, que era una norma imperativa (de obligada aplicación y cumplimiento) al igual que el convenio CMR. Queda claro, sin embargo, que en los casos en que no se haya pactado un contrato entre las partes, será de aplicación subsidiaria o supletoria la LCTT, que actuará a modo de contrato tipo.

Es subsidiaria en la media en que, de no existir pacto previo entre las partes, son de aplicación completa al contrato de transporte los términos previstos en la LCTT.

Es supletoria en la media en que, de existir pacto previo entre las partes en el que no se contempla algún aspecto concreto, éste se regulará por lo estipulado en los términos previstos en la LCTT.

La ordenación de los capítulos de la LCTT trata de seguir el orden lógico y cronológico de la operación de transporte, regulando aspectos novedosos como el porteador efectivo, el contrato de transporte multimodal, los contratos de transporte continuado, la carta de porte electrónica, y otros.

El contrato de transporte por carretera
(Ley 15/2009)

Alfonso Cabrera Cánovas

Capítulo 1
Disposiciones generales: objeto, concepto, naturaleza y sujetos

1.1 Objeto, definición y régimen jurídico

> *Artículo 1. Objeto.*
> *1. El objeto de la presente ley es la regulación del contrato de transporte terrestre de mercancías realizado por medios mecánicos con capacidad de tracción propia.*

Se aplica esta ley, por tanto, a todos los contratos de transporte terrestre, por carretera y por ferrocarril. En este libro, sin embargo, sólo se analiza la aplicación de la ley a los contratos de transporte por carretera.

La LCTT entró en vigor el 12 de febrero de 2010, y es aplicable desde esa fecha a todos los contratos de transporte nacional de mercancías por carretera.

Sólo las operaciones de transporte efectuadas en cumplimiento de contratos de transporte preexistentes, es decir, formalizados antes de la entrada en vigor de esta ley, disponen de un plazo mayor para su regulación, el 1 de enero del año 2011 (véase el apartado «5 Transporte continuado y dentro de una operación logística», en este mismo capítulo).

La LCTT se aplica igualmente a los transportes realizados en bicicleta mientras éstos no dispongan de una regulación específica, en aplicación de la disposición adicional quinta.

> *Artículo 2. Definición y régimen jurídico del contrato.*
> *1. El contrato de transporte de mercancías es aquél por el que el porteador se obliga frente al cargador, a cambio de un precio, a trasladar mercancías de un lugar a otro y ponerlas a disposición de la persona designada en el contrato.*
> *2. El contrato de transporte terrestre de mercancías se regirá por los Tratados internacionales vigentes en España de acuerdo con su ámbito respectivo, las normas de la Unión Europea y las disposiciones de esta ley. En lo no previsto serán de aplicación las normas relativas a la contratación mercantil.*

La LCTT incluye la definición de contrato de transporte de mercancías, lo que supone, a nuestro entender, un acierto y una novedad respecto al CC y al CMR, que carecen de tal definición.

Es importante clarificar, en primer lugar, cuándo existe un contrato de transporte. El artículo 62 de la LOTT clasifica los transportes por carretera, según su naturaleza, en dos tipos:

- *Públicos:* aquéllos que se llevan a cabo por cuenta ajena mediante retribución económica.
- *Privados:* los que se desarrollan por cuenta propia para satisfacer necesidades particulares o como complemento de otras actividades realizadas por las empresas y vinculados al desarrollo de las mismas.

Por ejemplo, una empresa de fabricación y distribución de productos cárnicos, que dispone de una pequeña flota propia de furgonetas para repartir sus productos, desarrolla transporte privado (también llamado privado complementario) cuando reparte sus productos mediante su flota de vehículos. En estos casos no existe contrato de transporte, pues no se contrata con una empresa de transporte público externa, ni se paga retribución, sino que se efectúa el transporte con medios y personal propios de la empresa.

Ahora bien, si esa misma empresa recurre a otra de transporte externa para efectuar un envío de sus productos, y se remunera económicamente dicho servicio, nos encontraremos ante un transporte público y, por tanto, ante un contrato de transporte. En este caso, la empresa cárnica será el cargador y la empresa de transporte el porteador, que se obliga frente a la primera a trasladar el envío y ponerlo a disposición de su destinatario, a cambio de un precio.

Es muy importante tener en cuenta que la obligación que adquiere el porteador es una obligación de resultado; es decir, ha de conseguir el traslado efectivo del envío en las mismas condiciones en las que lo recibió en origen, y su puesta a disposición del consignatario o destinatario. Si no es así, deberán determinarse en cada caso sus posibles responsabilidades.

Por último, cabe comentar que la obligación del porteador es poner las mercancías a disposición del destinatario designado en el contrato, pero no que éste las entregue, aunque esto sea lo que ocurre en la mayoría de los casos, una vez puestas a su disposición.

Esta sutil diferencia implica que el porteador ha cumplido su obligación cuando las pone a disposición del destinatario, pero cabe la posibilidad de que éste las pueda rechazar, y no por ello el porteador habría incumplido, *a priori,* con su obligación. Otra lectura de esta obligación estricta de «poner a disposición» es, por ejemplo, que si el transporte es pagadero en destino y el destinatario no paga o no ofrece garantía suficiente de pago al porteador, éste pueda optar, una vez puestas las mercancías a disposición del destinatario, por no entregárselas en aplicación del artículo 40.

Esta actuación no supondría haber incumplido su obligación estipulada en el contrato, sino que más bien sería una actuación a consecuencia de un incumplimiento del destinatario, que no paga el transporte cuando debería hacerlo. Prevalece, por tanto, la garantía del porteador de cobrar el transporte sobre la entrega de la mercancía.

1.2 Naturaleza de la ley y sujetos

> *Artículo 3. Naturaleza dispositiva de la normativa.*
> *Salvo expresa estipulación contraria de esta ley o de la legislación especial aplicable, las partes podrán excluir determinados contenidos de esta ley mediando el correspondiente pacto. También podrá ser así, respecto de las condiciones generales de los contratos de transportes cuando sus obligaciones resulten más beneficiosas para el adherente.*

Este artículo instaura el principio de libertad contractual de las partes frente al contrato tipo conformado por esta ley. Por tanto, cargador y porteador podrán pactar condiciones, estipulaciones y cláusulas en sus contratos de transporte diferentes a las que marca la LCTT. En ese caso, se aplicarán dichos contratos particulares.

Este carácter dispositivo supone una novedad respecto al CC, que es imperativo como también lo es el CMR en aplicación de su artículo 41. Sin embargo, las CGC eran igualmente derecho dispositivo y las partes podían pactar condiciones distintas.

Sólo existen dos capítulos, de especial importancia, que la LCTT aplica de manera imperativa: el capítulo V «Responsabilidad del porteador», y el capítulo IX «Prescripción de acciones» (correspondientes a los capítulo 7 y 11 de este libro). Así pues, en relación a estos dos aspectos del contrato será siempre de aplicación lo contenido en la LCTT, y no podrán las partes pactar cosa distinta, excepto que lo pactado sea más beneficioso para el adherente.

La imperatividad de la LCTT tiene un carácter de mínimo. Por tanto, un porteador podrá pactar, por ejemplo, un límite de responsabilidad mayor al fijado en la LCTT. Este límite se sitúa en un tercio del Indicador Público de Renta de Efectos Múltiples (IPREM)/día por cada kilogramo de peso bruto de mercancía perdida o averiada, lo que supone para 2010 un límite de responsabilidad de 5,91 €/kg. Pues bien, un porteador puede fijar libremente su límite de responsabilidad en 10 €/kg, y esta cláusula será válida porque es más beneficiosa para los cargadores adherentes.

No será válido, sin embargo, un pacto particular entre porteador y cargador en el que el primero se declarase no responsable por las pérdidas o averías de la mercancía durante el transporte, ya que el capítulo V de la LCTT especifica que el porteador es responsable por estos hechos, concretando las causas y presunciones de exoneración, la cuantificación de la indemnización y su límite, entre otros aspectos.

> *Artículo 4. Sujetos.*
>
> *1. Cargador es quien contrata en nombre propio la realización de un transporte y frente al cual el porteador se obliga a efectuarlo.*
>
> *2. Porteador es quien asume la obligación de realizar el transporte en nombre propio con independencia de que lo ejecute por sus propios medios o contrate su realización con otros sujetos.*
>
> *3. Destinatario es la persona a quien el porteador ha de entregar las mercancías en el lugar de destino.*
>
> *4. Expedidor es el tercero que por cuenta del cargador haga entrega de las mercancías al transportista en el lugar de recepción de la mercancía.*

El contrato de transporte vincula a cargador y porteador y, en función de quienes sean en cada contrato, se determinarán los derechos y las obligaciones exigibles entre ellos. El cargador puede coincidir, o no, con los sujetos de expedidor o destinatario.

Pongamos el caso de un transporte solicitado a un porteador por una empresa de Sevilla, para un envío desde sus instalaciones hasta Valencia. En este caso, el cargador y expedidor son la empresa sevillana.

Si es la empresa valenciana la que solicita el transporte al porteador, dicha empresa es cargador y destinatario, y la empresa sevillana asume el papel de expedidor del envío. Así pues, la clave para identificar y determinar al cargador es el hecho de solicitar y contratar el transporte con el porteador, mientras que el porteador es quien se compromete a realizar dicho transporte, ya sea directa o indirectamente.

Cuando intervienen intermediarios, práctica muy común, como operadores de transporte y agencias, la casuística se complica por el hecho de que adquieren como porteadores una obligación de transportar, aunque en muchos casos no la llevan a cabo directamente, sino que contratan a su vez otro porteador.

Sin embargo, el principio de determinación de los sujetos es el mismo, y prevalece el hecho de que estos intermediarios contraten siempre en nombre propio (véase el análisis de los artículos 5 y 6).

Otro aspecto llamativo de este artículo es la continuación, heredera del CC, en el uso del término porteador. En nuestra opinión, se ha perdido una gran oportunidad de cambiar esta denominación por la de transportista. De hecho, las empresas de transporte se conocen como transportistas entre ellas, sus asociaciones son de transportistas e, incluso la propia Administración, se refiere a estas empresas como transportistas en otras leyes como la O.FOM 238.

En la LOTT y el ROTT se usan ambos términos.

1.3   Contratación en nombre propio y responsabilidad de los porteadores

> *Artículo 5. Contratación del transporte en nombre propio.*
>
> *1. Los contratos de transporte de mercancías se presuponen celebrados en nombre propio. Excepcionalmente podrá alegarse la contratación en nombre ajeno cuando se acredite que así se había hecho constar de forma expresa y suficiente en el momento de contratar, indicado la identidad de la persona en cuyo nombre se contrata, y que la intermediación se realizó con carácter gratuito.*

Se presentaron diferentes enmiendas, durante la tramitación parlamentaria, que perseguían en unos casos regular la intermediación en otra norma más amplia y, en otros, permitir a las partes indicar en el proceso de contratación si contrataban en nombre propio o ajeno.

Finalmente no se aprobaron, y se ha consagrado el principio, ya regulado en la LOTT y el ROTT, de que quien pide un servicio de transporte lo hace como cargador, de que quien se compromete a realizarlo es porteador, y de que ambos siempre contratan en nombre propio.

Se presupone, por tanto, que la celebración de los contratos de transporte se efectúa siempre en nombre propio, lo que implica que quien contrata lo hace como cargador o como porteador. Sólo si se acredita expresamente al contratar, se indica la identidad de la persona en cuyo nombre se contrata, y dicha intermediación se hace gratuitamente, se entenderá que se contrata por cuenta ajena.

> *2. Los empresarios transportistas, las cooperativas de trabajo asociado dedicadas al transporte, las cooperativas de transportistas y sociedades de comercialización de transportes, los operadores y agencias de transporte, los transitarios, los almacenistas-distribuidores, los operadores logísticos, así como cualesquiera otros que contraten habitualmente transportes o intermedien habitualmente en su contratación, sólo podrán contratarlos en nombre propio.*
>
> *3. La relación de las cooperativas de transportistas y sociedades de comercialización de transporte con el socio transportista que efectivamente realice el transporte se regirá por lo que al respecto se encuentre determinado en los estatutos de cada cooperativa o sociedad, sin que lo dispuesto en dichos estatutos pueda implicar, en ningún caso, la inaplicación de lo dispuesto en la presente ley en los contratos celebrados por la cooperativa o sociedad de que se trate con terceros.*
>
> *Los socios de las cooperativas de trabajo asociado dedicadas al transporte sólo podrán contratar transportes en nombre de la cooperativa a la que pertenecen, quedando ésta obligada como porteador frente al cargador con quien contraten aquéllos.*

A todas las empresas que contratan habitualmente transporte o intermedian en su contratación, como empresas transportistas, operadores, agencias, transitarios, operadores logísticos, almacenistas-distribuidores y cooperativas de transporte, se les presupone siempre su contratación en nombre propio, entre otras razones, porque dicha intermediación se realiza con retribución, y esto constituye su actividad empresarial.

Los transitarios han solicitado reiteradamente poder contratar en nombre ajeno, y no tener que asumir el papel de cargador en nombre propio cuando contratan por orden de su cliente a un porteador.

Cuando cualquiera de estos intermediarios interviene en un contrato de transporte como porteador, y no efectúa el transporte de manera efectiva, sino que contrata a otro transportista la realización, está a su vez actuando como cargador frente a este transportista efectivo (porteador para ellos), y generando un segundo contrato de transporte, tal y como se explica en el siguiente artículo:

> *Artículo 6. Responsabilidad de los porteadores efectivos.*
> *1. El porteador que contrate con el cargador responderá frente a éste de la realización íntegra del transporte conforme a lo previsto en esta ley, aún cuando no la lleve a cabo por sí mismo en todo o en parte.*
> *2. Cuando el porteador que haya contratado directamente con el cargador contrate, a su vez, la realización efectiva de la totalidad o una parte del transporte con otro porteador, quedará obligado frente a éste como cargador conforme a lo dispuesto en esta ley y en el contrato que con él haya celebrado.*

Este es el caso habitual de intermediación en que una agencia de transporte u operador contrata el transporte con un cargador, pero encarga su realización a un transportista tercero (el transportista efectivo). Aunque la agencia no desarrolle dicha operación de transporte con medios propios, responde como porteador ante al cargador en los términos de la LCTT. Asimismo, la agencia asume el papel de cargador frente al porteador con el que ha contratado la realización efectiva del transporte.

Pongamos el caso de un fabricante que, como cargador, contrata el transporte de un envío con un operador. Éste, a su vez, contrata dicho servicio con un transportista efectivo. Esta situación generaría dos contratos de transporte entre distintas partes.

En el primer contrato, el cargador es el fabricante y el porteador el operador intermediario. En el segundo, el cargador es el operador intermediario y el porteador el transportista efectivo. En ambos casos se pueden haber formalizado órdenes de carga distintas, que se complementan con la carta de porte y forman los contratos de transporte entre las distintas partes.

Se han generado, por tanto, dos contratos de transporte que pueden contener condiciones diferentes. Las estipulaciones de un contrato no pueden ser argumentadas en el otro. Así, por ejemplo, si el fabricante acuerda con el operador un límite de responsabilidad por pérdida, superior al general de 5,91 €/kg, éste límite afectará al contrato entre ambos pero no al contrato entre el operador y el transportista efectivo.

En buena lógica, y en su propio beneficio, los intermediarios (agencias, operadores, transitarios y otros) deberían aplicar las mismas condiciones en los contratos en los que actúan como porteador y como cargador. De esta manera, asumen responsabilidades ante sus cargadores en la misma medida en que las pueden exigir frente a los porteadores efectivos con los que contratan.

1.4   Bultos y envíos

> *Artículo 7. Bultos y envíos.*
> *1. Se entiende por bulto cada unidad material de carga diferenciada que forman las mercancías objeto de transporte, con independencia de su volumen, dimensiones y contenido.*
> *2. Se considera un envío o remesa la mercancía que el cargador entregue simultáneamente al porteador para su transporte y entrega a un único destinatario, desde un único lugar de carga a un único lugar de destino.*
> *3. El contrato de transporte puede tener por objeto un solo envío o una serie de ellos.*

Los bultos más comunes son los palés (europalé, isopalé y palés de otras medidas), así como todo tipo de agrupaciones y presentaciones de mercancía como cajas, sacos o bidones, y unidades sueltas de producto como vigas, rodillos, etc.

Según la definición de envío, el contrato de transporte tiene por objeto el transporte de uno o varios envíos, como ocurre en los casos de transporte continuado, que se tratan en el siguiente artículo. El envío es la cantidad de mercancía que, conteniendo los bultos que corresponda, el expedidor entrega al porteador para su transporte hasta un destinatario.

Por tanto, si el cargador contrata el transporte de dos partidas que se han de recoger en dos lugares distintos para un mismo destinatario, se estará contratando el transporte de dos envíos.

En la práctica, cada envío requerirá una firma del expedidor en origen y otra del destinatario en la carta de porte, con lo cual se confirmará la entrega al porteador y la recepción de dicho envío por parte del destinatario.

Respecto a los palés y otros soportes de la mercancía, la LCTT sólo especifica en su artículo 47 que el porteador responde por la pérdida o avería de las mercancías, y que se consideran también como mercancía los contenedores y otros soportes aportados por el cargador para agruparla. No obstante, nada dice de la gestión de los palés y su posible relación con el contrato de transporte.

Sin embargo, sí trata este aspecto la condición 2.14 de las CGC, norma que se adaptará a la LCTT pero que no queda derogada por la misma excepto en lo que sea contraria. Esta condición indica que los palés y otros soportes de la mercancía forman parte del envío, que no podrán ser objeto de alquiler al porteador, ni darán lugar a deducción alguna sobre los costes del transporte, ni se podrá exigir garantía sobre éstos.

Esta inclusión de los soportes como parte del envío tiene como objetivo evitar que sean objeto de alquiler al porteador, generar deducción sobre el precio del transporte por dichos soportes, o exigir al porteador depósito de garantía alguna en relación con ellos. El transporte de retorno de los mencionados soportes vacíos, según especifican las CGC, constituirá en todo caso objeto de un envío de transporte distinto.

Las CGC son de aplicación en ausencia de pacto expreso, al igual que la LCTT. Por tanto, si las partes quieren pactar condiciones sobre dichos soportes pueden hacerlo en la orden de carga previa, en la carta de porte o en un contrato de transporte continuado.

Existen dos grandes grupos de palés: los de un solo uso y los de duración continuada. En el caso de los primeros, conocidos también como «perdidos», su bajo coste se incluye en el precio de venta del envío, y no tienen repercusión en el contrato de transporte. Forman parte del envío y el porteador los transporta y entrega junto a la mercancía.

Por el contrario, en el caso de los palés de duración continuada, éstos sí suelen tener relación con el contrato de transporte. En estos casos, hay dos grandes sistemas de gestión de los palés: intercambiables (por ejemplo, del tipo EUR EPAL), y en régimen de alquiler (Chep, LPR y otros).

Habitualmente, expedidor y destinatario llevan un control de los palés entregados y recogidos en cada viaje a los transportistas. Los métodos de control y registro son diversos y conforman acuerdos entre transportistas, expedidores y destinatarios.

En el sistema de palés intercambiables, éstos son propiedad del cargador o expedidor, que ha de adquirirlos. Este sistema consiste en intercambiarlos con otros palés que cumplen los mismos requisitos. Los intercambios se producen en las distintas operaciones de transporte conformando una cadena.

La práctica más habitual, en el caso de palés intercambiables EUR EPAL, es que el camión llega a cargar al almacén y entrega el mismo número de palés vacíos que va a transportar cargados. Así queda saldada la posible deuda del porteador con el cargador.

En los casos en que el cargador expedidor es quien contrata y paga el transporte, si el porteador no entrega en el almacén de origen el mismo número de palés que se lleva cargados, se genera una deuda del porteador al cargador expedidor. Si el transportista no salda dicha deuda, entregando los palés faltantes *a posteriori*, se suele deducir su valor de la factura que éste presente al cargador.

En la entrega al destinatario de los palés cargados, se le deben entregar al porteador el mismo número de palés vacíos, cerrándose así el círculo. En los casos de saldos pendientes, se aplica un método similar al de los saldos pendientes en origen.

Si el transporte lo ha contratado y lo va a pagar el destinatario, en el caso de que no se hayan entregado en origen el mismo número de palés cargados, el expedidor suele añadir en la factura de venta de los productos el valor de los palés no entregados.

Éste es sólo un ejemplo de cómo gestionar los palés intercambiables, pero en el mercado existe gran diversidad de sistemas de gestión entre cargadores y porteadores, en relación a los palés u otros soportes (bandejas, cajas, etc.).

Se utilice un método u otro, es importante que éste se acuerde entre porteador y cargador antes de la carga en origen, y que se refleje en la orden de carga. También es importante que en la carta de porte se anote el número de palés recogidos, entregados e intercambiados. De hecho, en muchos de los formularios que formalizan las cartas de porte aparecen casillas específicas para anotar estos datos referentes a los palés.

El otro sistema, el de palés en régimen de alquiler, consiste en que los cargadores y expedidores adheridos a éste, sin necesidad de adquirir palés en propiedad, firmen contratos de alquiler que les permitan su uso. La empresa que gestiona el fondo común de alquiler de palés es su misma propietaria (Chep, LPR u otra). Esta empresa recibe solicitudes de palés de los cargadores, les proporciona los que necesitan en origen, y se encarga de su recogida en destino, cobrando un alquiler por su uso.

El uso de un sistema u otro depende de muchos factores, entre otros el de la propia exigencia del cliente destinatario. Este aspecto se pacta en el contrato de compraventa, del que normalmente el contrato de transporte es una consecuencia.

1.5 Transporte continuado y dentro de una operación logística

> *Art. 8. Transporte continuado.*
> *1. Por el contrato de transporte continuado, el porteador se obliga frente a un mismo*
>   *cargador a realizar una pluralidad de envíos de forma sucesiva en el tiempo.*
> *2. El número, frecuencia, características y destino de los envíos podrán determinarse en*
>   *el momento de contratar ó antes de su inicio.*

Tradicionalmente, el contrato de transporte de mercancía por carretera se había concebido en la normativa como un contrato-viaje, y así se reflejaba en el CC y en las normas anteriores a la LCTT.

El punto 4 de las CGC se refiere a la determinación de las condiciones del contrato de transporte en caso de controversia. Para ello se atiende, en primer lugar, a lo expresado en la carta de porte y, en segundo lugar, a otro documento especificado así en la condición 4.1.b): «cuando exista un documento suscrito por ambas partes en el que se regulen expresamente condiciones del cumplimiento del contrato, si del mismo se deduce la voluntad de los firmantes de que tales condiciones se apliquen al transporte del envío objeto de controersia».

Parece adivinarse en esta condición la referencia a contratos de transporte continuado, aunque su dudosa redacción podría ser perfectamente aplicable a una orden de carga u orden de transporte.

Hasta ahora, no se había regulado expresamente lo que entendemos por un contrato de servicio de transporte. Este contrato se aplicará, de forma duradera en el tiempo, a cuantos envíos se realicen, de manera que a todos ellos se les apliquen las mismas condiciones pactadas en dicho contrato. Para cada envío se formalizará, en el momento de su ejecución, una carta de porte.

En España, en el mejor de los casos, se ha optado siempre por pactar y formalizar condiciones para cada servicio, es decir, para cada contrato viaje. Sin embargo, es cada vez más común esta otra forma de contratar, pues aporta la ventaja de la estabilidad y la determinación de unas condiciones negociadas y pactadas por ambas partes.

Este tipo de contrato se suelen usar para formalizar distribuciones periódicas a puntos de venta final, recogidas diarias de proveedores, operaciones de reparto o suministro continuado, servicios de transporte para grandes distribuidores, para una campaña, etc.

Se trata de un documento, más amplio que una carta de porte, donde las partes estipulan las condiciones que se van a aplicar de forma sistemática a sus envíos para una próxima temporada, una anualidad, con renovación automática o no, etc. Su redacción y firma final suelen ser fruto de un proceso de negociación (aunque cabe la adhesión a unas condiciones propuestas por una de las partes), en el que se determinan las condiciones pactadas por los interesados. De todos modos, si algún aspecto no se refleja en estos contratos, se aplicará la LCTT.

El artículo 16 permite la posibilidad de que no se formalicen por escrito si ninguna de las partes lo exige, pero entendemos que esta formalización es muy útil ante cualquier controversia.

A estos contratos de transporte de duración continuada, y a los del siguiente artículo 9, son a los que se refiere la disposición transitoria única como «contratos preexistentes». Así pues, si un cargador y un porteador firmaron antes del 12 de febrero de 2010 un contrato de transporte de duración continuada, o un contrato de servicios logísticos, a los envíos relacionados con dichos contratos hasta el 31 de diciembre de 2010 no sería de aplicación la LCTT. Pero sí, en cambio, a los que tuvieran lugar a partir del 1 de enero de 2011.

Art. 9. Transporte contratado en el marco de una operación logística.
Cuando se asuma la obligación de transportar mercancías en el marco de una operación logística de contenido más amplio, los derechos, obligaciones y responsabilidades relativos a dicho transporte se regirán por lo dispuesto en esta ley.

Este artículo aborda la externalización logística; es decir, que el cargador contrate con una empresa especializada en logística alguno de sus servicios (en este caso el transporte por carretera). En España, en comparación con otros países europeos, el peso que ostentan las empresas de transporte por carretera dentro del sector logístico es mayor a la media.

La logística empresarial es el conjunto de actividades que optimizan el flujo de productos, desde las compras a proveedores hasta el consumo de productos terminados por los clientes, su flujo inverso y los flujos de información que genera este proceso, cumpliendo así con la satisfacción del cliente y con un mínimo coste.

En sus fases de aprovisionamiento, producción y distribución, la logística incluye una serie de actividades como son el almacenaje, la gestión de existencias, el transporte, el etiquetado, la preparación de pedidos, etc.

Las empresas tienden a externalizar, es decir, contratar con un tercero (operador logístico) una o varias de las actividades logísticas. Una de las razones para la externalización es convertir costes fijos en variables y así poder centrarse en su actividad principal. El transporte es una de las más externalizadas, por lo que surge la necesidad de su contratación entre cargador y porteador (operador logístico). En este caso, el porteador es más que un transportista por carretera, ya que como operador logístico ofrece una mayor gama de servicios al cargador.

Cuando el cargador y el porteador formalizan un contrato de servicios logísticos, en el marco del cual se recogen operaciones de transporte, a éstas les serán de aplicación las disposiciones de la LCTT, con los mismos principios de subsidiariedad y supletoriedad.

Estos contratos logísticos son, por naturaleza, complejos, amplios y duraderos en el tiempo:

- *Complejos,* porque suponen acordar las condiciones de servicios básicos y fundamentales para el desarrollo de las operaciones comerciales diarias de las empresas.
- *Amplios,* en la medida en que recogen múltiples servicios, obligaciones, condiciones y situaciones posibles que se pueden presentar.
- *Duraderos,* porque suponen que una empresa externa se convierte en socio logístico, y que ésta va a desarrollar operaciones fundamentales para la empresa, por lo que se planifican y acuerdan con horizontes temporales amplios.

Por esta razón, se pueden considerar también como contratos de transporte continuado.

Capítulo 2
Documentación del contrato

2.1   Contenido de la carta de porte

> *Artículo 10. Contenido de la carta de porte.*
> *1. Cualquiera de las partes del contrato podrá exigir a la otra que se extienda una carta de porte que incluirá las siguientes menciones:*

Este capítulo ha sido uno de los que más dudas ha planteado. Sin embargo, no presenta grandes novedades. Las principales dudas suscitadas han sido si era obligatorio formalizar la carta de porte, y si un albarán puede utilizarse como carta de porte o si se requiere algún formato especial.

En cuanto a la primera, la respuesta es que no existe una obligación de formalizar la carta de porte. Este artículo sólo faculta a las partes para exigirse mutuamente su formalización. Por tanto, las partes podrían no exigírsela y sería válido un contrato verbal. (En el apartado 6 de este mismo artículo se analizarán las consecuencias del incumplimiento de esta exigencia, que permite a la otra parte considerarla desistida del contrato.)

Aunque el contrato verbal es válido, consideramos que la formalización de la carta de porte es muy conveniente principalmente por dos razones:

1. Porque sus funciones son probar que se ha entregado el envío al porteador y determinar las condiciones pactadas para el transporte. No se entiende, por tanto, que el cargador expedidor no considere necesario formalizar la carta de porte como prueba, al menos, de que el porteador ha recibido las mercancías.

2. La carta de porte prueba las condiciones del servicio, y en ella, como comentaremos a lo largo del libro, se pueden mencionar y hacer constar por las partes interesadas las cláusulas, pactos, declaraciones, especificaciones, plazos y otras cuestiones de importancia capital para el cumplimiento del contrato y, en su caso, la resolución de controversias posteriores.

En cuanto a la segunda duda, consideramos que es recomendable que la carta de porte sea un documento independiente y distinto del albarán.

El albarán, como documento mercantil, tiene la función de probar la entrega de un envío o pedido. El destinatario que lo recibe debe firmarlo, y con esta firma se prueba que lo ha recibido correctamente. Del albarán se suelen emitir tres copias: una para el vendedor, otra para el comprador y otra, que suele retener el transportista, que prueba el desarrollo de la operación.

Por esta razón, el albarán se ha utilizado de forma tradicional como carta de porte. Sin embargo, al ser un documento de compraventa, suele incluir menciones a ésta, pero escasas referencias al contrato de transporte. Por otra parte, el albarán suele ser muy detallado en la descripción de las mercancías, mientras que en la carta de porte se suele dar una descripción más general y por bultos.

Asimismo, la confusión también aumenta por la O.FOM 238, norma de carácter administrativo relativa a la inspección de los transportes, por la que se establecen normas de control sobre los transportes públicos de mercancías por carretera. Esta norma especifica en su artículo 1 que «los transportistas, usuarios del transporte de mercancías y operadores de transporte estarán obligados a documentar cada uno de los envíos en que se materialicen los contratos de transporte de mercancías por carretera que celebren en el correspondiente albarán, carta de porte u otra documentación acreditativa», documento que además deberá acompañar a las mercancías durante su transporte y donde deberán constar una serie de datos que en dicho capítulo se relacionan.

Sobre este documento de control, la O.FOM 238 establece que será de libre edición, que se podrá ajustar al modelo, formato y denominación que más convenga a las partes intervinientes en el contrato, y que se deberán expedir tantas copias como partes intervengan en el transporte. La obligación de confeccionar y expedir el documento de control corresponde al cargador o, si éste no está presente, al expedidor. El incumplimiento de la O.FOM 238 acarrea una sanción de 1.001 €, según el Baremo Sancionador.[1]

Por tanto, hasta la LCTT y a efectos de control de la Administración, el contrato de transporte se puede documentar en albarán, siempre y cuando contenga todos los datos que la O.FOM 238 especifica. Así pues, no tiene ningún sentido que este documento de control sea uno distinto a la carta de porte a que hace referencia la LCTT.

Si a esto añadimos que el artículo 13 de la LCTT permite cualquier irregularidad en la carta de porte en cuanto a su formato, parece razonable que surjan dudas.

---

[1] El Baremo Sancionador, aprobado por el Ministerio de Fomento y actualizado periódicamente, recoge todas las sanciones en materia de transporte, su clasificación (leve, grave o muy grave), la norma infringida y la cuantía de la sanción, así como los obligados a su pago. Se puede consultar en el sitio web del Ministerio de Fomento (www.mfom.es) introduciendo en su buscador los términos «baremo sancionador».

Aun así, recomendamos formalizar un documento específico para probar la existencia del contrato de transporte que sea distinto del albarán, aunque sea conveniente que éste acompañe a la carta de porte y se identifique en ella.

Recomendamos que este documento específico, que se puede llamar contrato de transporte, carta de porte o documento de control, incluya la mención de «contrato mercantil de transporte de mercancías», o similar, la referencia a que el transporte se somete a la Ley 15/2009, y también que se emite cumpliendo la O.FOM 238 (incluyendo todos los datos obligatorios para evitar sanciones).

El resto del apartado primero del artículo 10 especifica los datos que, de forma obligatoria, debe incluir dicha carta de porte. Pasamos a comentarlos, aunque creemos conveniente anticipar que, aun siendo obligatoria su mención, en el artículo 13.2 se especifica que la falta de alguno de ellos no priva de validez a los datos sí indicados.

> *a) Lugar y fecha de la emisión.*

La fecha de emisión de la carta de porte se corresponde con el momento en que el porteador se hace cargo de la mercancía, pues es entonces cuando esa se formaliza.

> *b) Nombre y dirección del cargador y, en su caso, del expedidor.*

En el caso en que cargador y expedidor no sean la misma persona, porque por ejemplo el cargador que ha contratado el transporte es el destinatario, tiene sentido especificar ambas partes.

> *c) Nombre y dirección del porteador y, en su caso, del tercero que reciba las mercancías para su transporte.*

La carta de porte debe especificar siempre el porteador con el que el cargador ha contratado el servicio. Si dicho porteador ha recurrido, para la realización efectiva del servicio, a otro porteador (el efectivo), éste también deberá identificarse en la carta de porte. De hecho, será éste quien firmará la carta de porte y quien recibirá la mercancía para su transporte.

> *d) Lugar y fecha de la recepción de la mercancía por el porteador.*

Se refiere al lugar y fecha en que se hace la carga del envío, y por tanto, éste se recibe efectivamente por el porteador. En la práctica, coincide con el lugar y fecha de emisión de la carta de porte. Puede tener su importancia, por ejemplo, en relación al artículo 54.3, que determina el momento en que un retraso se convierte en pérdida de mercancía y establece que, si no se fijó plazo de entrega, se considerarán perdidas una vez transcurran treinta días desde que el porteador recibiera las mercancías para su transporte en origen.

> *e) Lugar y, en su caso, fecha prevista de entrega de la mercancía en destino.*

Es muy importante determinar, sin dejar duda alguna, el lugar de entrega de la mercancía. De esta forma se evitarán retrasos y problemas en destino por falta de una identificación exacta del lugar de entrega: almacén, plataforma, polígono, etc.

Es conveniente especificar fecha e incluso hora o intervalo horario de entrega en destino, para así poder programar las recogidas y entregas y planificar el trabajo en los almacenes. Aunque el artículo no habla de hora, se añade después que las partes pueden incluir el plazo que convengan para efectuar el transporte.

Este plazo surge, en muchas ocasiones, por la necesidad de cumplir, respecto de la compraventa que origina el transporte, los plazos de entrega acordados con el cliente destinatario. Además, las prácticas logísticas inciden en hacer mayor número de envíos con menor cantidad de bultos para evitar costes de almacenamiento.

> *f) Nombre y dirección del destinatario, así como eventualmente un domicilio para recibir notificaciones.*

Deberá detallarse el destinatario y su dirección, aunque ésta sea distinta del lugar donde se quiere hacer la entrega de las mercancías en destino.

> *g) Naturaleza de las mercancías, número de bultos y signos y señales de identificación.*

La detallada descripción del envío evitará problemas de errores en la entrega por una identificación insuficiente. Siendo el expedidor el que confecciona la carta de porte, y quien mejor conoce la naturaleza de las mercancías y su forma de identificación (numeración en palés, marcas comerciales, signos distintivos, etc.), será éste quien deba describirlas de manera inequívoca y detallada.

> *h) Identificación del carácter peligroso de la mercancía enviada, así como de la denominación prevista en la legislación sobre transporte de mercancías peligrosas.*

El acuerdo ADR[2] es un convenio internacional que regula las condiciones en que deben efectuarse los transportes de mercancías peligrosas y en el que se detallan la numeración y designación de las mercancías, así como todos los aspectos relativos a identificación, paneles naranja, etiquetas de peligro, datos que se han de incluir en la carta de porte, etc. Su ámbito de aplicación incluye los transportes nacionales.

Las empresas cargadoras, expedidoras y transportistas de mercancías peligrosas, orientadas por su consejero de seguridad, deben identificar la peligrosidad e incluir la denominación que exige el ADR en las cartas de porte de estos envíos.

---

i) Cantidad de mercancías enviadas, determinada por su peso o expresada de otra manera.

Los modelos más usuales de cartas de porte suelen incluir siempre estos datos, con la doble función de determinar el envío a efectos del transporte, y de su comprobación en origen y en destino.

Por otra parte, la determinación del límite de responsabilidad del porteador por pérdidas y averías se fijó, de forma general para 2010, en 5,91 €/kg bruto de mercancía. Así pues, este dato en la carta de porte determina indirectamente dicha limitación.

---

j) Clase de embalaje utilizado para acondicionar los envíos.

Suelen incluirse especificaciones del tipo «tantos europalés», «tantos sacos» o «tantas cajas», indicando también muchas veces el material de los embalajes (madera, plástico, etc.). Asimismo, se suele especificar, en el caso de los palés, si se ha entregado por el porteador el mismo número que se ha llevado con carga del almacén de expedición, con lo cual se efectúa una especie de contabilidad de palés, sobre todo en el caso de los intercambiables (véase el comentario del artículo 7).

---

k) Precio convenido del transporte, así como el importe de los gastos previsibles relacionados con el transporte.

Aun siendo una indicación obligatoria, es muy usual que no aparezca en la carta de porte. En las operaciones con intermediario se suele especificar el precio en la orden de carga

---

[2] El transporte de mercancías peligrosas se trata con más detalle en el apartado 3.8, correspondiente al artículo 24 de la LCTT.

que envía el cargador al operador de transporte, y éste a su vez remite otra orden de carga con el precio que ofrece al porteador efectivo (deducida ya la comisión del operador).

En otros casos, el precio se ha fijado en el contrato de transporte pactado entre cargador y porteador, en cuyo cumplimiento se efectúan envíos documentados con carta de porte en las que no se especifica dicho precio, pues está establecido en el contrato matriz o contrato de transporte continuado.

Por tanto, el precio suele aparecer en los documentos previos a la carta de porte.

> *l) Indicación de si el precio del transporte se paga por el cargador o por el destinatario.*

Este dato es fundamental, pues con él se determina quién se hace cargo del coste del transporte. A veces se usan expresiones del tipo «portes pagados» o «portes debidos», pero éstas pueden llevar a confusión. Es preferible que se especifique claramente el nombre de quién debe pagar el transporte.

> *m) En su caso, declaración de valor de las mercancías o de interés especial en la entrega, de acuerdo con lo dispuesto en el artículo 61.*

Como se verá en el comentario de dicho artículo 61, esta opción tiene sentido cuando el valor de las mercancías es superior al límite máximo de responsabilidad del transportista (5,91 €/kg para pérdidas y averías), y se quiere ampliar dicha limitación.

Haciendo esta declaración, en caso de que se produzca, por ejemplo, la pérdida de la mercancía, la indemnización exigible al porteador puede alcanzar hasta el valor declarado de la mercancía en la carta de porte.

> *n) Instrucciones para el cumplimiento de formalidades y trámites administrativos preceptivos en relación con la mercancía.*
>
> *2. La carta de porte podrá contener cualquier otra mención que sea convenida por las partes en el contrato, tales como:*
>
> *a) La referencia expresa de prohibición de transbordo.*
>
> *b) Los gastos que el remitente toma a su cargo.*
>
> *c) La suma del reembolso a percibir en el momento de la entrega de la mercancía.*
>
> *d) El valor declarado de la mercancía y la suma que representa el interés especial en la entrega.*
>
> *e) Instrucciones del remitente al transportista concernientes al seguro de las mercancías.*
>
> *f) El plazo convenido en el que el transporte ha de ser efectuado.*
>
> *g) La lista de documentos entregados al transportista.*

Se recoge una redacción, inspirada en un artículo similar del CMR, con las menciones que las partes pueden acordar sobre el contrato de transporte. Se puede añadir cualquier otra mención que las partes acuerden.

> *3. Será necesario emitir una carta de porte para cada envío.*

Resulta lógico que, si una de las funciones de la carta de porte es actuar como prueba de entrega al porteador, y cada envío se entrega a éste en un lugar de origen, el expedidor sea quien deba emitir la carta de porte y quedarse con una copia de ella, ya que ésta actuará como prueba de recepción por el porteador.

Lo mismo ocurre en el caso de que, desde un solo lugar de carga, se recojan por el porteador dos envíos para dos destinatarios distintos. En destino, cada uno de ellos necesitará un ejemplar de la carta de porte en la que se refleje la respectiva entrega.

> *4. Cuando el envío se distribuya en varios vehículos, el porteador o el cargador podrá exigir la emisión de una carta de porte por cada vehículo.*

Dicha emisión será conveniente en esos casos, pues puede existir un problema durante el transporte que afecte sólo a un vehículo y, por tanto, sólo a una parte del envío (la que se transporta en dicho vehículo).

Además, uno de los datos obligatorios que debe figurar en el documento de control al que se refiere la O.FOM 238 es la matrícula del vehículo. Se sanciona con 1.001 € el hecho de realizar transportes sin el documento de control, así como que a éste le falte alguno de los datos obligatorios.

Entendemos que lo conveniente es que la carta de porte y el documento de control sean el mismo documento. Por consiguiente se debe emitir una carta de porte por vehículo.

> *5. En su caso, la carta de porte deberá contener cualquier otra mención que exija la legislación especial aplicable, por razón de la naturaleza de la mercancía o por otras circunstancias.*

En aplicación de la O.FOM 238 debe especificarse, como hemos comentado en el punto anterior, la matrícula del vehículo o vehículos utilizados en la realización del transporte (si es articulado, matrículas de la cabeza tractora y del semirremolque). Además, si durante la operación se cambia de vehículo, esto deberá hacerse constar en la documentación de control (carta de porte) por la empresa de transportes.

> *6. Cuando la parte contratante requerida a formalizar la carta de porte se negase a ello, la otra podrá considerarla desistida del contrato, con los efectos que, en su caso, correspondan de conformidad con lo dispuesto en los artículos 18.2 y 19.1.*

La exigencia de la carta de porte es mutua entre las partes. La parte que la incumple es considerada por la otra como desistida del contrato.

En el caso de que sea el expedidor/cargador quien se niegue a extender la carta de porte, el artículo 19.1 especifica que el cargador indemnizará al porteador con el precio previsto del transporte o le ofrecerá la realización de un transporte similar que se encuentre disponible de inmediato.

Si, por el contrario, es el porteador quien se niega a formalizar la carta de porte, el cargador podrá buscar inmediatamente otro porteador y, si ha sufrido perjuicio a consecuencia de la negativa y la demora que se haya ocasionado, puede exigirle indemnización por éste (artículo 18.2).

> *7. El cargador y el porteador responderán de los gastos y perjuicios que se deriven de la inexactitud o insuficiencia de los datos que les corresponda incluir en la carta de porte.*

El porteador suele encontrarse con problemas en la entrega como consecuencia de una inexacta o incompleta descripción del lugar de entrega hecha por el expedidor (dirección errónea, no actualizada o con falta de datos).

Esta inexactitud puede generar demoras en la entrega, costes de espera, nuevos trayectos, etc., que en caso de generar perjuicio económico sería exigible al cargador o expedidor.

Otro defecto bastante común es la insuficiente identificación de los bultos, a consecuencia del cual se generan errores en la entrega en destino. Igual que en el caso anterior, es responsabilidad del expedidor indicar con marcas y números e identificar correctamente los bultos en la carta de porte, de manera que el porteador pueda cumplir con las instrucciones encomendadas respecto a la entrega.

2.2   Emisión y número de ejemplares

> *Artículo 11. Emisión y número de ejemplares de la carta de porte.*
> *1. La carta de porte se emitirá en tres ejemplares originales, que firmarán el cargador y el porteador.*

> *2. Será válida la firma de la carta de porte por medios mecánicos, mediante estampación de un sello, o por cualquier otro medio que resulte adecuado, siempre que quede acreditada la identidad del firmante.*
>
> *3. El primer ejemplar de la carta de porte será entregado al cargador, el segundo viajará con las mercancías transportadas y el tercero quedará en poder del porteador.*

Este artículo trata el aspecto formal de la carta de porte y su circuito o proceso documental. Hay que tener en cuenta que la carta de porte prueba las condiciones en las que se pactó el transporte, y de ahí que sea fundamental su cuidada redacción. Concretaremos ahora algunas de las recomendaciones que hicimos al inicio del capítulo sobre la formalización de la carta de porte.

En la práctica, la formalización de la carta de porte se suele elaborar de dos formas y, optar por una u otra, tiene ventajas e inconvenientes que deben valorarse:

- La primera opción es utilizar un formato de edición propia, es decir, elaborado por la propia empresa cargadora o expedidora en soporte informático, del que se imprimen las copias necesarias. En estos casos, el diseño del documento suele acercarse al de un albarán en el que se documenta la entrega de una mercancía. Insistimos en que si se opta por esta opción, se debe comprobar que el documento incluye todos los datos que la O.FOM 238 cita, y las menciones a que representa un contrato de transporte sometido a la LCTT. Al ser un documento de edición propia, tiene la ventaja de que se adapta perfectamente a cualquier actualización o particularidad que la empresa quiera incluir. Se imprimirá desde el programa de gestión que se utilice, y se podrá combinar con otras herramientas de gestión.

- La segunda opción es utilizar formularios estándar elaborados por servicios de impresión que pueden, a petición del cargador o porteador que los solicita, particularizarse con los datos de la empresa (membrete con dirección y datos de contacto, etc.) y con estipulaciones particulares que, a modo de leyenda, figurarán en algunas casillas, como por ejemplo la sujeción a determinada junta arbitral de transporte (JAT). Se ofertan en talonarios con el número de ejemplares que se deseen, así como en papel continuo para impresoras matriciales y por hojas para impresión láser. Estos formularios se componen, a semejanza de las cartas de porte CMR, de al menos cuatro ejemplares que se imprimen con el mismo contenido. Incluso existen modelos de formularios válidos para operaciones internacionales y nacionales, pues recogen los datos obligatorios, siguiendo el convenio CMR para transportes internacionales, y la Orden O.FOM 238 y la LCTT para los nacionales. En estos documentos polivalentes se marca, en la cabecera del formulario, una casilla que determina el carácter nacional o internacional de la operación de transporte.

En cuanto al circuito o proceso documental, en el momento de la carga del envío se formaliza la carta de porte en al menos tres ejemplares. La obligación de confeccionar y expedir la documentación corresponderá al cargador o, cuando éste no se hallase presente, al expedidor material del envío.

Su contenido debe ser revisado por el expedidor y el porteador, quienes deben asegurarse de que concuerda con la descripción de la mercancía y demás condiciones del transporte (lugar de entrega en destino, quién paga el transporte, plazo del transporte, etc.). Si todo es correcto, tanto el expedidor como el porteador firmarán la carta de porte.

El primer ejemplar de la carta de porte queda en poder del expedidor como prueba de la recepción del envío por el porteador y de las condiciones aplicables al servicio de transporte. El segundo, tercer y, en su caso, cuarto ejemplar, viajan custodiados por el conductor hasta su destino.

2.3 Documentación de la entrega en destino

Artículo 12. Documentación de la entrega en destino.
El destinatario podrá exigir que la mercancía le sea entregada junto con el segundo ejemplar de la carta de porte. El porteador podrá exigir al destinatario que le extienda en su ejemplar de la carta de porte, o en documento separado firmado por ambos, un recibo sobre las mercancías entregadas.

Una vez el envío se encuentra en destino, el destinatario firma los ejemplares segundo, tercero y, en su caso, cuarto de la carta de porte. La entrega del envío al destinatario se acompaña del segundo ejemplar que se le entrega a éste. Asimismo, el porteador exigirá al destinatario su firma, como prueba de la recepción del envío. Si existen discrepancias sobre el estado de la mercancía, el destinatario las hará constar en la carta de porte antes de su firma.

El tercer ejemplar, con la firma del destinatario, es la prueba que conservará el porteador de que ha entregado en destino las mercancías; por eso, con el objeto de no desprenderse de este ejemplar, se suelen elaborar juegos de cuatro o más formularios. Este cuarto ejemplar, o una copia en su defecto, quedará igualmente en posesión del transportista, que lo enviará posteriormente junto a la factura del servicio de transporte al obligado a su pago.

La recepción de esta documentación por parte del que ha de pagar el transporte suele iniciar el cómputo del plazo de pago acordado. Los plazos de pago más comunes oscilan entre 30 y 90 días desde la recepción de la carta de porte y la factura.

En aplicación de la O.FOM 238, y una vez finalizado el transporte del envío correspondiente, el transportista y el cargador y, en su caso, el operador de transporte que hayan intervenido en el contrato o contratos, deberán conservar una copia de la carta de porte o documentación de control, a disposición de la inspección del transporte terrestre, durante al menos un año. La sanción por infringir esta obligación es de 1.001 €.

2.4   Irregularidad o inexistencia de la carta de porte

Artículo 13. Irregularidad o inexistencia de la carta de porte.
1. La ausencia o irregularidad de la carta de porte no producirá la inexistencia o la nulidad del contrato.
2. La omisión de alguna de las menciones previstas en el artículo 10.1 no privará de eficacia a la carta de porte en cuanto a las incluidas.

Este artículo, siguiendo al convenio CMR, no invalida el contrato de transporte ni le resta legitimidad por el hecho de que no exista carta de porte. Es válido, por tanto, el contrato verbal.

Si en una carta de porte falta alguno de los datos obligatorios (los del artículo 10.1), el resto de datos siguen teniendo eficacia respecto del contrato de transporte.

Sin embargo, con el objetivo de clarificar lo mejor posible las condiciones del transporte, ambas partes, porteador y cargador, están interesadas en la existencia y exactitud de la carta de porte.

2.5   Fuerza probatoria de la carta de porte

Artículo 14. Fuerza probatoria de la carta de porte.
1. La carta de porte firmada por ambas partes hará fe de la conclusión y del contenido del contrato, así como de la recepción de las mercancías por el porteador, salvo prueba en contrario.
2. En ausencia de anotación en la carta de porte, o en documento separado firmado por el porteador y el cargador o expedidor, de las reservas suficientemente motivadas del porteador, se presumirá que las mercancías y su embalaje están en el estado descrito en la carta de porte y con los signos y señales en ella indicados.

El artículo determina la fuerza probatoria de la carta de porte en dos aspectos ya comentados. Por un lado, prueba la recepción de las mercancías por el porteador, y por otro, prueba la conclusión y contenido del contrato, entendido éste como las condiciones que las partes acuerdan aplicar al mismo (precio, plazo, fuero al que se someten, etc.).

En cuanto a las condiciones del contrato, cabe decir que es práctica habitual utilizar un documento, previo a la formalización de la carta de porte, donde el cargador solicita el transporte y donde se pactan algunas condiciones del contrato de éste. Nos referimos a la orden de carga, orden de transporte, solicitud de transporte o similar.

Muchas veces esta orden de carga es verbal, pero cuando se formaliza por escrito suele incluir, además de la información práctica del servicio (origen, destino, mercancías), una serie más o menos amplia de condiciones aplicables al transporte como precio, plazo y forma de pago, etc.

Estas condiciones constituyen parte del contenido del contrato y complementan lo expresado en la carta de porte. Se puede considerar que la condición 4.1 b) de las CGC se refiere a este documento.

En cuanto al apartado 2 de este artículo, el porteador debe revisar la carga en el almacén del expedidor y comprobar que la descripción del envío en la carta de porte se corresponde con lo efectivamente cargado en el vehículo. En el caso de que exista cualquier discrepancia entre lo descrito y el estado real del envío, el porteador debe formalizar las reservas.[3]

En caso de que no se haga esa reserva, se sobreentiende que el envío se cargó en el vehículo en el estado descrito en la carta de porte, y en esas mismas condiciones se le exigirá su entrega en destino (sobre este aspecto se profundiza en el comentario práctico del artículo 25).

2.6 Carta de porte emitida electrónicamente

> *Artículo 15. Carta de porte emitida electrónicamente.*
> *1. Si las partes están de acuerdo, podrán emitir la carta de porte por medios electrónicos con arreglo a la legislación vigente.*
> *2. En este supuesto, la carta de porte deberá consistir en un registro electrónico de datos que puedan ser transformados en signos de escritura legibles.*

Pese al reconocimiento de la LCTT respecto a la carta de porte digital, se siguen formalizando las cartas de porte en papel con las firmas y sellos de los intervinientes en el contrato de transporte. Entre otras razones, porque el expedidor sigue quedándose con el ejemplar número 1 de la carta de porte a modo de recibo del envío por parte del porteador.

---

[3] Expresiones que manifiestan algún aspecto irregular respecto a lo expresado en la carta de porte. Suelen referirse a un estado anormal de la mercancía como palés torcidos, embalaje en mal estado, deficiente identificación de los bultos, mercancía mojada, temperatura anómala, etc.

Cabe suponer que conforme los medios electrónicos sustituyan a la documentación en papel, se utilizarán sistemas que ofrezcan la misma seguridad jurídica que hasta ahora sólo aportan los documentos en papel.

2.7   Formalización de los contratos de transporte continuado

> *Artículo 16. Formalización de los contratos de transporte continuado.*
> *1. El contrato de transporte continuado se formalizará por escrito cuando lo exija cualquiera de las partes.*
> *2. Este contrato servirá de marco a las cartas de porte que hayan de emitirse para concretar los términos y condiciones de cada uno de los envíos a que diera lugar.*

Los contratos de transporte continuado, regulados en el artículo 8, deben formalizarse por escrito cuando cualquiera de las partes (cargador o porteador) lo exija.

En el momento de la ejecución de los envíos, consecuencia de dicho contrato, se formalizarán igualmente las cartas de porte correspondientes a cada uno de ellos.

Debe tenerse en cuenta que lo pactado en el contrato de transporte continuado se va a aplicar a todos los envíos, por lo que se pueden dejar de expresar en las cartas de porte determinadas indicaciones que ya estén pactadas en el contrato matriz. Por tanto, la cuidada redacción de éste y su formalización escrita son muy importantes.

> *3. Cuando la parte contratante requerida a formalizar por escrito el contrato se negase a ello, la otra podrá considerarla desistida de éste, con los efectos que, en su caso, correspondan de conformidad con lo dispuesto en los artículos 18.2 y 19.1.*

Véase el comentario del artículo 10.6.

> *4. A los efectos de lo dispuesto en la normativa reguladora del trabajo autónomo, el contrato de transporte continuado celebrado con un trabajador autónomo económicamente dependiente deberá celebrarse por escrito y de conformidad con dicha normativa.*

Es obligatorio, por tanto, formalizar por escrito los contratos de transporte continuado celebrados con los trabajadores autónomos económicamente dependientes.

Capítulo 3
El contrato: puesta a disposición del vehículo, entrega, acondicionamiento y documentación de las mercancías, paralizaciones y mercancías peligrosas

3.1 Idoneidad del vehículo

> *Artículo 17. Idoneidad del vehículo.*
> *El porteador deberá utilizar un vehículo que sea adecuado para el tipo y circunstancias del transporte que deba realizar, de acuerdo con la información que le suministre el cargador.*

La gama de vehículos industriales es tan amplia que, prácticamente, existe un vehículo adaptado a cada tipo de mercancía, por ejemplo productos que deben transportarse a temperatura controlada (ATP), mercancías peligrosas (ADR), portavehículos, portacontenedores, vehículos cisterna, silo, plataforma, jaula, góndola, etc.

Lo más importante es que el remolque o semirremolque se adapte a las necesidades del envío en aspectos como volumen, peso, temperatura u otros requisitos.

El tipo de vehículo que haya de utilizar el porteador se debe adaptar a la información que le suministre el cargador y depende, por tanto, de la solicitud de éste. El cargador, que conoce los requerimientos de su mercancía, debe solicitar el vehículo adecuado para ésta. Con un simple contacto telefónico, el cargador puede especificar el tipo de vehículo, pero es habitual y recomendable el uso de una orden de carga o documento similar. De esta manera, queda constancia del tipo de vehículo solicitado por el cargador.

Este documento, elaborado y remitido entre las partes antes de la redacción de la carta de porte, indica las condiciones del transporte y se envía habitualmente por el cargador al porteador vía fax o correo electrónico.

Es posible que, una vez acordadas telefónicamente las condiciones del servicio entre las partes, la empresa de transporte remita un formulario de orden de carga estandarizado para que el cargador lo cumplimente con los datos de la operación y se lo devuelva por fax o correo electrónico.

Los modelos más usuales de orden de carga adoptan un formato de edición libre bastante variable y suelen componerse de dos partes:

– En la primera aparecen los datos de la operación, como la identificación de las partes, los lugares de origen y destino, la descripción de la mercancía, el precio y plazo del transporte, las instrucciones sobre intercambio de palés, etc.
– En la segunda, están las «condiciones o estipulaciones del transporte». Éstas constituyen clausulados sobre, por ejemplo, las condiciones que ha de cumplir el transportista (a nivel documental y de revisión de la carga), el pago del servicio (documentación que se ha de remitir y sus requisitos), el seguro del transporte y otras características del servicio. A veces, este condicionado es bastante amplio y la parte que lo acepta debe tenerlo muy en cuenta, ya que su aceptación, expresa o no, constituye la aprobación para que dichas estipulaciones se apliquen al contrato de transporte.

En esta orden de carga es donde el cargador debe especificar el tipo de vehículo que quiere contratar y sus requisitos: frigorífico, capacidad de carga (en peso y volumen), forma de carga...

En algunas ocasiones, se sobreentiende que la empresa de transporte que contrata el cargador dispone del vehículo adecuado, y se omite cualquier referencia a éste, con lo que se pueden generar posteriores problemas en el momento de la puesta a disposición del vehículo.

Capacidad de carga

Veamos un ejemplo de la variabilidad que ofrecen los distintos vehículos, comparando un semirremolque frigorífico y otro de carga general (caja lona):

En el caso de un tráiler de hasta 40 toneladas (de los más grandes), la capacidad de carga del frigorífico es de 33 europalés, con unas medidas de largo, ancho y alto de 13,6 m, 2,45 m y 2,65 m, respectivamente, que ofrecen un volumen de carga 85 m^3, aproximadamente.

El mismo tipo de vehículo, pero con semirremolque de lona, en sus versiones de mayor capacidad ofrece la posibilidad de cargar 34 europalés, con medidas análogas de 13,6 m, 2,5 m y 3 m, lo que ofrece una capacidad de carga en volumen de hasta 102 m^3.

A un cargador que sea fabricante o distribuidor de productos de poco peso y mucho volumen, le interesará contratar camiones completos con la mayor capacidad de carga en volumen posible (en este caso, el semirremolque con lona). Para este cargador, los vehículos frigoríficos que durante épocas del año transportan todo tipo de mercancía suponen, por el grosor de las paredes y el espacio que ocupa el equipo de frío, una pérdida de capacidad de carga en volumen entre el 1 y el 10 %. Este porcentaje, que puede parecer ínfimo, presenta un problema cuando el precio del producto es bajo. Una adecuada gestión logística persigue eliminar cualquier coste ineficiente en toda la cadena de suministro y optimizar los medios utilizados. El uso del vehículo adecuado ahorrará, por tanto, costes al cargador.

3.2   Puesta a disposición del vehículo

Artículo 18. Puesta a disposición del vehículo.
1. El porteador deberá poner el vehículo a disposición del cargador en el lugar y tiempo pactados. Si nada se pacta respecto a la hora, el porteador cumplirá su obligación poniendo el vehículo a disposición del cargador con antelación suficiente para que pueda ser cargado el día señalado. Si se trata de un contrato de transporte de mercancías por carretera, y no se hubiere pactado plazo, el transportista cumplirá con su obligación poniendo a disposición el vehículo para su carga antes de las dieciocho horas del día señalado.

La implantación de una logística de flujos de entrega y recepción muy tensos requiere puntualidad en el cumplimiento de los plazos de carga y descarga. Además, la gestión óptima de los flujos de mercancía en los almacenes exige una programación del trabajo en éstos, que conlleva la planificación de las cargas y descargas que se han de realizar. Por otra parte, cualquier retraso en la cadena logística puede provocar a la otra parte pérdidas por incumplimiento de suministro, paralización del vehículo, etc.

Por tanto, la puesta a disposición del vehículo en una fecha y hora determinados suele ser la opción más conveniente para ambas partes porque permite al cargador programar el trabajo en el almacén, y al porteador planificar sus servicios y asignar el vehículo en el momento en que lo necesita el cargador.

De nuevo, la orden de carga se configura como el documento que prueba un pacto previo sobre la fecha y hora en que el porteador debe poner a disposición del cargador el vehículo requerido.

No obstante, ante falta de hora, el porteador cumplirá con la llegada del vehículo al lugar de la carga antes de las 18 horas. Es decir, si sólo se fija, por ejemplo, una fecha determinada, el porteador cumplirá su obligación poniendo el vehículo a disposición del cargador antes de las 18 horas de dicha fecha. De todos modos, no parece conveniente dejar sin determinar la hora si se quiere optimizar el trabajo en los almacenes.

2. Si existe pacto expreso previo entre las partes acerca del día y la hora u hora límite para la puesta a disposición del vehículo y el porteador no cumple dicho plazo, el cargador podrá desistir de la expedición de que se trate y buscar inmediatamente otro porteador.
Cuando el cargador haya sufrido perjuicios como consecuencia de la demora, y ésta fuere imputable al porteador, podrá además exigir la indemnización que proceda.

El incumplimiento por parte del porteador del plazo de puesta a disposición del vehículo faculta al cargador para contratar inmediatamente con otro porteador. Entendemos, según el artículo 17, que lo podrá hacer también si el porteador presenta un vehículo inadecuado.

La nueva contratación requerirá un tiempo que, en caso de generar un perjuicio al cargador (retraso en la entrega, incumplimiento de las condiciones de suministro al cliente, penalizaciones, etc.), éste podrá exigir como indemnización al porteador.

No se especifica más sobre dicha indemnización y su límite, pero entendemos, en aplicación del artículo 63, que una indemnización por retraso en la entrega no podría superar el precio del transporte previsto y que no se realizó por la no presentación del vehículo en el plazo indicado.

3.3   Entrega de las mercancías al porteador

> *Artículo 19. Entrega de las mercancías al porteador.*
> *1. El cargador deberá entregar las mercancías al porteador en el lugar y en el tiempo pactados. En caso de incumplimiento, el cargador le indemnizará en cuantía equivalente al precio del transporte previsto, o bien le ofrecerá la realización de un transporte de similares características que se encuentre inmediatamente disponible.*

La empresa de transporte ha destinado un vehículo y un conductor para dar respuesta a la solicitud recibida del cargador. Esta asignación origina al porteador unos costes, así como, en su caso, la posibilidad de desatender otros posibles servicios rechazados por falta de capacidad operativa.

El cargador debe entregar las mercancías al porteador en el plazo acordado y, en caso contrario, deberá indemnizarlo por los costes generados. La cuantía de la indemnización es la misma que la estipulada en las CGC, es decir, el precio del transporte acordado o el desarrollo de un transporte que esté inmediatamente disponible.

> *2. Si el cargador sólo entrega al porteador una parte de las mercancías deberá, sin perjuicio del pago del precio del transporte de esa parte, abonarle una indemnización igual al precio del transporte de la mercancía no entregada, o bien ofrecerle la inmediata realización de otro transporte de similares características al inicialmente convenido.*

Cuando se ha concertado un precio por vehículo completo, y la entrega de más o menos bultos no condiciona el precio, este apartado no influye en la operación.

Este precepto es de aplicación a los casos (muy comunes en paquetería) en los que el precio del transporte varía en función del número de bultos transportados. Por tanto, si el cargador ha contratado el transporte de un número de bultos y sólo entrega la mitad de ellos, el porteador tiene derecho a exigir el precio correspondiente a los bultos no entregados.

La razón que origina esta indemnización es la misma que en el apartado anterior, es decir, compensar los costes generados al porteador, quien ha programado y destinado sus vehículos en función de las demandas de los clientes cargadores.

3.4 Sujetos obligados a realizar la carga y descarga

> *Artículo 20. Sujetos obligados a realizar la carga y descarga.*
> *1. Las operaciones de carga de las mercancías a bordo de los vehículos, así como las de descarga de éstos, serán por cuenta, respectivamente, del cargador y del destinatario, salvo que expresamente se asuman estas operaciones por el porteador antes de la efectiva presentación del vehículo para su carga o descarga. Igual régimen será de aplicación respecto de la estiba y desestiba de las mercancías.*

En primer lugar, cabe distinguir entre las operaciones de carga y descarga y las de estiba y desestiba:

- *La carga* es la colocación de la mercancía sobre el vehículo. Por ejemplo, en un vehículo de carretera, la carga de un palé es la introducción de éste en el interior del semirremolque (mediante un transpalé o un elemento similar).
- *La estiba* consiste en el acondicionamiento óptimo de la mercancía sobre el vehículo, de manera que se minimicen los posibles daños y deterioros durante su transporte. Por tanto, en una operación sin interrupción, es la colocación de dicho palé, junto a los otros que conforman el envío en fila de dos o tres, para evitar los movimientos y desplazamientos de la carga.

La LCTT dispone que la carga y estiba en origen, y la descarga y desestiba en destino se realizarán por el cargador (entendido también como expedidor) y por el destinatario, respectivamente. En concreto, la ley estipula que estas operaciones «serán por cuenta» de uno y otro, lo que indica que éstos asumen los costes de dichas operaciones. Además, el propio título del artículo hace referencia a que son responsables de la ejecución de estas operaciones.

Esta asignación de funciones es razonable, ya que son ellos los que disponen de los elementos necesarios para su ejecución (personal, infraestructura, maquinaria, etc.).

Aún así, hay transportistas que se ven obligados, en muchas ocasiones, a cargar y descargar sus vehículos. Esta situación se produce, por ejemplo, cuando en los almacenes se aglomeran vehículos que han de entregar o recoger envíos, y los operarios y medios para atenderlos son insuficientes. Entonces, si el conductor no quiere esperar, se le plantea la posibilidad de ser él quien cargue o descargue. La ejecución de estas funciones sin pacto previo, remuneración, y ni tan siquiera cobertura de seguro (normalmente estas operaciones no se incluyen en las pólizas de transportistas) entraña un riesgo importante para el porteador que debería evitarse.

Sin embargo, en virtud del principio de libertad contractual, se puede pactar lo contrario expresamente. De nuevo, la orden de carga previa a la presentación del vehículo es el documento idóneo donde pactarlo.

Algunas empresas tienen acuerdos con sus porteadores en los que determinan que será el conductor quien cargue y descargue el envío, poniendo a su disposición medios técnicos y parte de sus instalaciones. Si así se pactó, es el porteador quien realiza estas operaciones, aunque lo más normal es que no se pacte nada y, por tanto, sean el expedidor y el destinatario los encargados de estas tareas.

> *2. El cargador y el destinatario soportarán las consecuencias de los daños derivados de las operaciones que les corresponda realizar de conformidad con lo señalado en el apartado anterior.*
>
> *Sin embargo, el porteador responderá de los daños sufridos por las mercancías debidos a una estiba inadecuada cuando tal operación se haya llevado a cabo por el cargador siguiendo las instrucciones del porteador.*

Es lógico que la ley atribuya responsabilidad sobre las consecuencias de las operaciones que desarrolle cada parte.

El segundo párrafo parece aconsejar al porteador que no instruya sobre la operación de estiba, pues si lo hace y el seguimiento por el cargador de dicha instrucción genera daños, el porteador responderá por éstos.

Sin embargo, es muy habitual que el porteador, conocedor de su vehículo y de la influencia que una estiba inadecuada produce en la seguridad del transporte y de la carga, dé instrucciones sobre estas tareas.

Algunos ejemplos de daños generados como consecuencia de estas operaciones pueden ser la caída de mercancía durante su manejo, o una estiba inadecuada que impide una correcta ventilación y que acaba generando daños a la mercancía.

> *3. No obstante lo dispuesto en los apartados anteriores, en los servicios de paquetería y cualesquiera otros similares que impliquen la recogida o reparto de envíos de mercancías consistentes en un reducido número de bultos que puedan ser fácilmente manipulados por una persona sin otra ayuda que las máquinas o herramientas que lleve a bordo el vehículo utilizado, las operaciones de carga y descarga, salvo que se pacte otra cosa, serán por cuenta del porteador.*

> *En esta clase de servicios, la estiba y desestiba de las mercancías corresponderán, en todo caso, al porteador. El porteador soportará las consecuencias de los daños causados en las operaciones que le corresponda realizar.*

La ley aplica un tratamiento distinto para las operaciones de carga y descarga en los casos de paquetería. Este otro proceso resulta lógico en atención a las características físicas de dichas operaciones, ya que no presentan dificultades para ser realizadas por el porteador, como por ejemplo entregas y recogidas domiciliarias de bultos pequeños, sobres, muestras, etc. Así pues, si no se pacta lo contrario, estas funciones las realizará el porteador.

En cuanto a la estiba y desestiba, éstas serán siempre ejecutadas por el porteador. En todos estos casos, él es quien debe realizar estas operaciones y asume su responsabilidad ante daños ocasionados durante su ejecución.

La redacción del artículo abre la posibilidad a que éste se aplique a operaciones en las que no son bultos, sino hasta palés completos, lo que se carga y descarga por el porteador. En los repartos de distribución final hasta los puntos de venta, sobre todo en los centros de las ciudades, este tipo de envíos es muy usual. Además, los vehículos suelen estar provistos de rampas y dispositivos mecánicos que, combinados con el transpalé, permiten al conductor hacer entrega de envíos en palés completos.

Así pues, resulta difícil, por la redacción de este artículo, la determinación exacta de qué envíos, y por tanto su carga y descarga, están sujetos a este apartado y corresponden por defecto al porteador, y qué otros lo están al apartado 1.

La operaciones de transporte son muy variadas, y en cada caso puede resultar conveniente una mayor o menor implicación del porteador en ellas. Por tanto, la mejor opción es que las partes pacten expresamente las condiciones que se han de aplicar.

3.5   Acondicionamiento e identificación de las mercancías

> *Artículo 21. Acondicionamiento e identificación de las mercancías.*
> *1. Salvo que se haya pactado otra cosa, el cargador deberá acondicionar las mercancías para su transporte. Los bultos que componen cada envío deberán estar claramente identificados y señalizados mediante los correspondientes signos, coincidiendo con la descripción de los mismos contenida en la carta de porte.*

El cargador, entendido como expedidor, es el responsable y máximo interesado en acondicionar las mercancías de manera adecuada para su transporte. Al ser normalmente su fabricante o distribuidor, conoce perfectamente los requisitos respecto al envase y embalaje más adecuados, ventilación, capacidad de soportar peso, volumen, opciones de paletización, identificación, etc.

Los bultos, palés o cajas en los casos más habituales, deben marcarse con distintivos que se correspondan con los expresados en la carta de porte (numeración, marcas comerciales, etiquetas, etc.). Las opciones de etiquetado y marcaje son muy variadas, y existen medios para identificar cada bulto mediante etiquetas, códigos de barras, etc.

Estos sistemas, relacionados con la trazabilidad que impone la ley o el mercado, permiten una fácil identificación que evitará errores en la conformación del envío, la revisión por el porteador, el transporte y la entrega en destino.

A veces se adjunta a la carta de porte una lista de contenido o un albarán, donde se detalla los bultos que componen el envío indicando para cada uno su peso, número, referencia, contenido exacto (número de productos, tipo, tamaño, color...) y otras caracteríticas.

> *2. Cuando su naturaleza o las circunstancias del transporte así lo exijan, las mercancías deberán ser entregadas al porteador convenientemente acondicionadas, embaladas y, en su caso, identificadas y señalizadas mediante las oportunas marcas o inscripciones que avisen del riesgo que su manipulación pueda entrañar para las personas o para las propias mercancías.*

En los casos en que la manipulación de las mercancías pueda ocasionar daños, el expedidor deberá entregarlas al porteador identificadas y señalizadas conforme al riesgo que presentan. Son muy usuales las indicaciones de mantener el vertical, no apilar o apilar hasta un máximo de alturas, manipular con cuidado, etc.

Las mercancías peligrosas deben transportarse por carretera cumpliendo con el convenio ADR. Esta norma clasifica las mercancías peligrosas en nueve clases con subdivisiones y cada mercancía peligrosa debe identificarse durante su transporte con una o varias etiquetas de peligro. El ADR también incluye requisitos relativos al envase y embalaje en que deben transportarse estas mercancías.

> *3. El cargador responderá ante el porteador de los daños a personas, al material de transporte o a otras mercancías, así como de los gastos ocasionados por defectos en el embalaje de las mercancías, a menos que tales defectos sean manifiestos o ya conocidos por el porteador en el momento de hacerse cargo de las mercancías y no haya hecho las oportunas reservas.*

Todas las indicaciones de los apartados 2 y 3 suponen obligaciones para el cargador (acondicionar, identificar, etc.). El incumplimiento de estos deberes, que cause daños y costes, supondrá responsabilidad del cargador.

Sólo se podrá imputar responsabilidad al porteador, por los daños consecuencia de defectos en el embalaje, si se demuestra que eran observables o el porteador los conocía cuando se le entregó la mercancía, y sobre los que no expresó reserva.

En el caso que el porteador expresase dichas reserva, el expedidor tendrá dos posibilidades:

1. Subsanar los defectos del embalaje (teniendo en cuenta su interés en el buen fin de la operación de transporte).
2. Asumir la responsabilidad y los gastos que se puedan producir por los mismos.

3.6 Paralizaciones

> *Artículo 22. Paralizaciones.*
> *1. Cuando el vehículo haya de esperar un plazo superior a dos horas hasta que se concluya su carga y estiba o desestiba y descarga, el porteador podrá exigir al cargador una indemnización en concepto de paralización.*
> *2. Dicho plazo se contará desde la puesta a disposición del vehículo para su carga o descarga en los términos requeridos por el contrato.*

La paralización supone una indemnización para la empresa de transporte como compensación por el coste de tener sus medios de prestación de servicios (vehículo y conductor) detenidos, en espera de que finalice la carga o descarga, un tiempo que sobrepase las dos horas desde su puesta a disposición.

> *3. Salvo que se haya pactado expresamente una indemnización superior para este supuesto, la paralización del vehículo por causas no imputables al porteador, incluidas las operaciones de carga y descarga, dará lugar a una indemnización en cuantía equivalente al Indicador Público de Renta de Efectos Múltiples/día multiplicado por 2 por cada hora o fracción de paralización, sin que se tengan en cuenta las dos primeras horas ni se computen más de diez horas diarias por este concepto. Cuando la paralización del vehículo fuese superior a un día el segundo día será indemnizado en cuantía equivalente a la señalada para el primer día incrementada en un 25 por ciento. Cuando la paralización del vehículo fuese superior a dos días, el tercer día y siguientes serán indemnizados en cuantía equivalente a la señalada para el primer día incrementada en un 50 por ciento.*

Año	*IPREM diario*
2004	15,35 €
2005	15,66 €
2006	15,97 €
2007	16,64 €
2008	17,23 €
2009	17,57 €
2010	17,75 €

Tabla 3.1. Evolución del IPREM diario en los últimos años.[1]

La LCTT determina con exactitud la forma de calcular el importe de la paralización, entendida como mínima y susceptible de mejora por pacto entre las partes, en función del tiempo que se excede de dos horas desde la puesta a disposición del vehículo y el indicador público de renta de efectos múltiples (IPREM)/día.

El IPREM es el índice de referencia en España para determinar el umbral de ingresos a efectos, por ejemplo, de cuantificar las prestaciones y subsidios por desempleo, becas y otras ayudas. Se utiliza desde el año 2004 sustituyendo desde entonces al salario mínimo interprofesional (SMI). Este indicador se actualiza al inicio de cada año mediante la Ley de Presupuestos.

El IPREM diario para 2010 asciende a 17,75 €.[2] Por tanto, por cada hora de paralización y para operaciones realizadas en 2010, el porteador podrá exigir al cargador una indemnización de 35,5 € (17,75 € × 2 horas). Téngase en cuenta que el IPREM es un indicador que se actualiza cada año y que, por tanto, el importe de cada hora de paralización variará y será diferente para los años posteriores.

Por el grado de competitividad entre las empresas de transporte y su dependencia de los clientes cargadores, en muchas ocasiones estas indemnizaciones no llegan a exigirse por parte del porteador y, en su caso, son difíciles de cobrar.

Aun así, vamos a plantear en el cuadro adjunto varios ejemplos de cálculo de la indemnización por paralización.

---

[1]   *Tabla 3.1.* Evolución del IPREM diario en los últimos años. Se muestran los valores del IPREM diario desde 1994. Fuente: Ministerio de Economía y Hacienda.

[2]   El IPREM diario para 2010 se fijó en la Ley 26/2009 de 23 de diciembre de Presupuestos Generales del Estado para el año 2010 (BOE de 24 de diciembre), en su disposición adicional 19.ª.

Casos prácticos de indemnización por paralización en 2010

Caso práctico 1

El vehículo se pone a disposición del cargador a las 10 horas, plazo pactado en el contrato, y se termina su carga a las 17:40. Excluyendo las dos primeras horas, se computan como paralización las restantes, desde las 12 hasta las 17:40. Incluyendo los 40 minutos como fracción, resultan en total 6 horas de paralización, a las que le corresponderían una indemnización de 213 € (35,5 € × 6 horas).

Caso práctico 2

El vehículo se pone a disposición del cargador a las 10 h. del día 1 y se termina su carga a las 12 h. del día 2. Excluyendo las dos primeras horas, se computan como paralización las restantes, desde las 12 h. del día 1 hasta las 12 h. del día 2. La LCTT especifica un máximo de diez horas de cómputo en un período de 24 horas, así que se puede reclamar una indemnización de 355 € (35,5 € × 10 horas).

El cómputo máximo de 10 horas/día, puede relacionarse con las 10 horas máximas de conducción diarias que permiten los tiempos de conducción y descanso, ya que el fundamento de la indemnización por paralización es tratar de compensar los costes que sufre la empresa porteadora por el «bloqueo» de sus medios de prestación de servicios (vehículo y conductor).

Caso práctico 3

El vehículo se pone a disposición del cargador a las 12 h. del día 1 y se termina su carga a las 18 h. del día 2. Excluyendo las dos primeras horas, se computan como paralización las restantes, desde las 14 h. del día 1 hasta las 18 h. del día 2. Por el primer día, de las 14 h. del día 1 a las 14 h. del día 2, se computan diez horas. Luego, hay que añadirles otras cuatro, que son las que transcurren desde las 14 h. hasta las 18 h. del día 2. Por tanto, en total se ha producido una paralización de 14 horas. La indemnización correspondiente será de 532,5 € (355 € por las 10 horas del primer día y 177,5 € por las 4 horas del segundo día, a las que se aplica un recargo del 25 %, es decir, 4 horas × 35,5 € × 1,25 € de recargo).

Caso práctico 4

El vehículo se pone a disposición del cargador a las 14 h. horas del día 1 y se termina su carga a las 20:25 h. del día 3. Excluyendo las dos primeras horas, se computan como paralización las restantes, desde las 16 h. del día 1 hasta las 20:25 h. del día 3. Por los dos primeros días, se computan 20 horas (10 h./día). A continuación, hay que añadirles otras 5, que son las que transcurren desde las 16 h. a las 21 h. del día 3 (la fracción de 25 minutos significa una hora completa). Por tanto, en total se ha producido una paralización de 25 horas. La indemnización correspondiente será de 1.065 € (355 € por las 10 horas del primer día; 443,75 € por las 10 horas del segundo día con recargo del 25 %, es decir, 355 € × 1,25 €; y finalmente 266,25 € por las 5 horas del tercer día, a las que se aplica un recargo del 50 %, es decir, 5 horas × 35,5 € × 1,5 €).

Hemos querido cubrir las distintas posibilidades que el artículo contempla. En una operación real, es difícil que se produzcan paralizaciones tan largas como las de los ejemplos 3 y 4, o que, ante la posibilidad de que ocurran las mismas, no se opte por otras opciones, como por ejemplo contratratar con otro porteador o cargar otro envío que esté disponible inmediatamente. Todos los ejemplos son aplicables igualmente a paralizaciones en destino producidas por retrasos en las operaciones de descarga.

3.7   Documentación de la mercancía

Artículo 23. Documentación de la mercancía.
1. El cargador deberá adjuntar a la carta de porte o poner a disposición del porteador la documentación relativa a la mercancía que sea necesaria para la realización del transporte y de todos aquellos trámites que el porteador haya de efectuar antes de proceder a la entrega en el punto de destino. A estos efectos, deberá suministrarle la información necesaria sobre la mercancía y los indicados trámites.
2. El porteador no está obligado a verificar si estos documentos o informaciones son exactos o suficientes. El cargador es responsable ante el porteador de todos los daños que pudieran resultar de la ausencia, insuficiencia o irregularidad de estos documentos e informaciones, salvo en caso de culpa por parte del porteador.

El cargador es el responsable de entregar al porteador la documentación que la mercancía requiera para su transporte, y de informarle de los trámites que se hayan de cumplir. Son muchas las cargas cuyo transporte puede necesitar una documentación específica por distintos motivos: destino (para exportación o zonas con régimen impositivo especial), naturaleza de la mercancía (peligrosa, animales, dimensión, etc.), razones comerciales (exigencia del cliente, calidad, trazabilidad, etc.), u otras.

El cargador es quien mejor conoce las características de la mercancía que requiere documentación especifica, y quien, en general, habrá gestionado su expedición. Por tanto, es el cargador quien debe entregarla al porteador.

Así pues, si se produce un retraso en la entrega o cualquier otro problema durante el transporte debido a que la documentación no sea correcta, el cargador responderá ante el porteador por los daños causados, como retrasos o paralizaciones.

Esta obligación tiene más aplicación práctica en los transportes internacionales, ya que en éstos se suele adjuntar documentación requerida por la aduana, como certificados de origen, licencias de exportación, etc.

Aun así, un transporte nacional puede constituir la primera fase de otro internacional en el que sí se requieran estos documentos. Por ejemplo, un transporte por carretera desde el almacén del exportador hasta un puerto, que será el lugar desde donde la carga se va a exportar a un tercer país. En estos casos se aplicaría el convenio CMR, que regula en su artículo 11 la obligación y responsabilidad del cargador respecto a la documentación, en términos similares a la LCTT.

3. El porteador responderá de las consecuencias derivadas de la pérdida o mala utilización de los citados documentos. En todo caso, la indemnización a su cargo no excederá de la que correspondería en caso de pérdida de la mercancía.

La única obligación del porteador respecto de la documentación adjunta a la carta de porte y relativa a la mercancía es su custodia y utilización correcta (siguiendo las instrucciones del cargador), sin tener ninguna responsabilidad sobre su inexactitud o problemas derivados de la misma.

En este caso, si el porteador extravía la documentación y su nueva emisión genera un retraso, los daños de este retraso serán soportados por el porteador, sin posibilidad de reclamar al cargador.

3.8 Transporte de mercancías peligrosas

> *Artículo 24. Transporte de mercancías peligrosas.*
> *1. Si el cargador entrega al porteador mercancías peligrosas, habrá de especificar la naturaleza exacta del peligro que representan, indicándole las precauciones a tomar. En caso de que este aviso no haya sido consignado en la carta de porte, recaerá sobre el cargador o destinatario la carga de la prueba de que el porteador tuvo conocimiento de la naturaleza exacta del peligro que presentaba el transporte de dichas mercancías.*

El transporte de mercancías peligrosas por carretera está regulado por el convenio ADR. En este convenio, que se actualiza cada dos años, se especifican los datos que se han de incluir en la carta de porte sobre la denominación de la mercancía a efectos del ADR,[3] el número ONU y el número de identificación del peligro, la ficha o instrucciones de seguridad, y otra documentación y precauciones a tomar en el transporte de dichas mercancías.

En la carta de porte ADR, tanto el cargador (que ha preparado la mercancía conforme al ADR) como el porteador (que conoce el peligro que el transporte representa, así como si el vehículo cumple los requisitos necesarios) expresan sus obligaciones.

> *2. El porteador que no haya sido informado de la peligrosidad de las mercancías no estará obligado a continuar el transporte y podrá descargarlas, depositarlas, neutralizar su peligro, devolverlas a su origen o adoptar cualquier otra medida que resulte*

---

[3] El convenio ADR data de septiembre de 1957. Su versión actual se puede consultar en el sitio web del Ministerio de Fomento (www.mfom.es), seleccionando en Áreas de actividad «Transporte terrestre», y finalmente en el apartado «Mercancías peligrosas y perecederas».

> *razonable en atención a las circunstancias del caso. El porteador deberá comuni-carlo inmediatamente al cargador, el cual asumirá los gastos y daños derivados de tales operaciones.*

En el apartado 2 de este artículo se capacita al porteador a descargar las mercancías si no ha sido informado del peligro, y a inutilizarlas a cuenta del cargador, que es el responsable de su información y adecuación.

Capítulo 4
El contrato: reconocimiento y examen de las mercancías, rechazo, disposición, impedimentos al transporte y riesgo de pérdida o daño

4.1 Reconocimiento externo

> *Artículo 25. Reconocimiento externo.*
> *1. En el momento de hacerse cargo de las mercancías, el porteador deberá comprobar su estado aparente y el de su embalaje, así como la exactitud de las menciones de la carta de porte relativas al número y señales de los bultos.*
> *2. Los defectos apreciados se anotarán por el porteador en la carta de porte, mediante la formulación singularizada de reservas suficientemente motivadas.*
> *3. El porteador que carezca de medios adecuados para verificar la coincidencia del número y las señales de los bultos lo hará constar justificadamente en la carta de porte.*

El reconocimiento externo del envío constituye un deber y una garantía para el porteador. Es una garantía en la medida en que éste se obliga a transportar y poner a disposición del destinatario las mercancías en el mismo estado (según la carta de porte) en que se hizo cargo de ellas. Con este reconocimiento externo se determina dicho estado y es, por tanto, el momento en el que el porteador puede manifestar reservas sobre el mismo.

Cualquier anomalía y defecto que el porteador aprecie durante el reconocimiento debe hacerla constar en la carta de porte, pues constituye una manera de liberarse de responsabilidad por los daños que se generen por dichas anomalías.

Normalmente existe un espacio en la carta de porte para anotar «reservas y observaciones del porteador». Indicaciones del tipo «embalaje en mal estado», «flejes y cantoneras rotos», «identificación inexacta», «mercancía dañada», etc., o la rectificación del número de bultos, suelen ser las reservas más comunes. Estas reservas impedirán reclamar responsabilidad al porteador en destino como consecuencia de las anomalías a que hacen referencia.

Una de las funciones principales de la carta de porte es la de probar la recepción de las mercancías por el porteador tal y como se describen en ella (véase el artículo 14). Por tanto, si el porteador observa una anomalía durante el reconocimiento, y no hace constar la oportuna reserva, se le podrán exigir responsabilidades en destino conforme a la descripción de las mercancías en la carta de porte, es decir, en buen estado. Al entenderse que así las recibió, pues no anotó reservas, se presumirá que la pérdida o avería se ha producido durante el transporte y que, en principio, el porteador es responsable de ellas.

El reconocimiento se debe efectuar con sumo cuidado y de acuerdo con la naturaleza de la mercancía y sus características (perecedera, peligrosa, paquetería, etc.).[1]

Por su parte, el expedidor debe permitir al porteador realizar el reconocimiento externo de la mercancía. Suele ocurrir sin embargo que, en aplicación de la normativa sobre riesgos laborales o por políticas de restricción de acceso a los almacenes de carga por razones de seguridad, se impide al porteador este reconocimiento.

Ante esta situación, el porteador debe expresar en la carta de porte que se le impidió efectuar el reconocimiento externo del envío. En nuestra opinión, esta reserva anula la presunción del artículo 14.2, es decir, la de que el estado del envío recibido por el porteador coincide con el descrito en la carta de porte.

Una solución para esta situación consiste en colocar precintos de origen a destino, de manera que la llegada del vehículo a destino con los precintos intactos indica que el porteador no manipuló la carga y que lo que se cargó en origen en el vehículo es lo que llegó a destino. Así, el porteador quedaría exonerado, en principio, ante determinados supuestos de responsabilidad por pérdida o daños a la mercancía.

4.2   Examen de las mercancías

> *Artículo 26. Examen de las mercancías.*
>
> *1. Cuando existan fundadas sospechas de falsedad en torno a la declaración del cargador, el porteador podrá verificar el peso y las medidas de las mercancías, así como proceder al registro de los bultos. Si la declaración del cargador resulta cierta, los gastos derivados de estas actuaciones serán por cuenta del porteador y, en caso contrario, del cargador.*
>
> *2. El cargador podrá asimismo exigir la realización de todas o alguna de estas comprobaciones y el porteador accederá a ello con tal que el peticionario asuma expresamente el pago de los gastos a que den lugar.*
>
> *3. Este tipo de comprobaciones se llevará a cabo por el porteador en presencia del cargador o sus auxiliares. No siendo ello posible, el reconocimiento y registro de los bultos se hará ante Notario o con asistencia del Presidente de la Junta Arbitral del Transporte competente o persona por él designada.*

---

[1] Véase a modo de ejemplo el artículo 51.

> *4. El resultado del reconocimiento se hará constar en la carta de porte o mediante acta levantada al efecto.*

Este artículo debe entenderse como la expresión del derecho y la obligación recíprocos, entre cargador y porteador, respecto a examinar y comprobar las mercancías. Ambas partes tienen interés en realizar las comprobaciones y que su resultado se exprese en la carta de porte. No constituyen situaciones habituales. Las verificaciones de peso o medidas se pueden deber a que el precio del transporte se determine en función de ellos.

4.3   Rechazo de bultos

> *Artículo 27. Rechazo de bultos.*
> *1. El porteador podrá rechazar los bultos que se presenten mal acondicionados o identificados para el transporte, que no vayan acompañados de la documentación necesaria o cuya naturaleza o características no coincidan con las declaradas por el cargador. El porteador comunicará inmediatamente al cargador este rechazo.*

El porteador no está obligado a transportar cualquier bulto que se le presente. Este artículo constituye una garantía de rechazo de bultos ante situaciones que se manifiesten tras el reconocimiento y examen de las mercancías.

Así, el porteador puede rechazar el transporte de bultos mal acondicionados que pueden dañar el propio vehículo y provocar daños a otras mercancías que comparten el mismo transporte o a quienes los manipulen. Asimismo, podrá rechazar los bultos cuya documentación necesaria no se entregue (por ejemplo, la relativa a su peligrosidad), o los que no se identifiquen o declaren adecuadamente por el cargador.

> *2. De igual modo, el porteador podrá supeditar la admisión de los bultos a la aceptación de las reservas que se proponga formular en la carta de porte, dejando constancia de los defectos apreciados.*

Este apartado está relacionado con el artículo 25. Si como consecuencia del reconocimiento externo, el porteador detecta anomalías, éste debe anotar en la carta de porte las reservas oportunas. Esta anotación debe efectuarse en todos los ejemplares o copias de este documento (también en el primero que se queda el expedidor). La firma del expedidor en la carta de porte implica la aceptación de las reservas del porteador. Si el expedidor se niega a aceptarlas, el porteador puede (y debe, en nuestra opinión) rechazar los bultos (véase el artículo 25).

4.4   Custodia y transporte

> *Artículo 28. Custodia y transporte.*
>
> *1. El porteador está obligado a guardar y conservar las mercancías objeto de transporte desde que las recibe en origen hasta que las entrega en destino, de conformidad con lo estipulado en el contrato y las disposiciones de esta ley.*
>
> *2. El porteador asume la obligación de conducir a destino las mercancías objeto de transporte para su entrega al destinatario.*
>
> *Salvo que se hubiese pactado un itinerario concreto, el porteador habrá de conducir las mercancías por la ruta más adecuada atendiendo a las circunstancias de la operación y a las características de las mercancías.*
>
> *3. El porteador también se obliga a cumplir las demás prestaciones complementarias o accesorias que haya asumido con motivo u ocasión del transporte, en los términos y condiciones pactados en el contrato.*

Este artículo especifica las obligaciones principales del porteador como son la custodia y el transporte de las mercancías hasta su destino. Éstas son obligaciones de resultado, es decir, sólo se cumplen si el envío se pone a disposición del destinatario en las mismas condiciones en las que se recibió en origen, y cumpliendo además con las condiciones pactadas para el transporte, como el plazo de éste, por ejemplo.

Por tanto, esta obligación es diferente de la que puede asumir un profesor, que impartirá una formación pero que no puede garantizar el aprendizaje de sus alumnos.

El incumplimiento de la obligación del porteador le hace incurrir en responsabilidad (véase el capítulo 7).

En cuanto a la ruta, su elección influye entre otras cosas en el kilometraje, y éste es, en muchas ocasiones, el baremo para calcular el precio del transporte. En estos casos existe un acuerdo referente al precio del transporte por kilómetro recorrido. Para evitar controversias respecto a la ruta y los importes definitivos, es conveniente que cargador y porteador determinen de antemano y por escrito las distancias entre los orígenes y destinos más usuales de los transportes que pretendan realizar. También se puede especificar la distancia en la orden de carga o en la carta de porte.

4.5   Derecho de disposición. Ejercicio y extinción

> *Artículo 29. Derecho de disposición.*
>
> *1. El cargador tiene derecho a disponer de la mercancía, en particular ordenando al porteador que detenga el transporte, que devuelva la mercancía a su origen o que la entregue en un lugar o a un destinatario diferente de los indicados en la carta de porte.*

> *2. Sin embargo, ese derecho de disposición corresponderá al destinatario cuando así se hubiese pactado expresamente. Si el destinatario ejercita este derecho ordenando entregar la mercancía a otra persona, ésta, a su vez, no puede designar un nuevo destinatario.*

La obligación del porteador es custodiar y transportar, pero dichas operaciones no le confieren en ningún momento la propiedad de las mercancías. La mayoría de los contratos de transporte son, a su vez, consecuencia de un contrato de compraventa entre vendedor (expedidor) y comprador (destinatario). El contrato de compraventa (contrato subyacente) es el que transmite la propiedad de la mercancía.

El derecho de disposición pone de relieve que, durante su transporte, la mercancía sigue teniendo su legítimo propietario, que es distinto del porteador. Así pues, el cargador puede dar instrucciones al porteador para detener el transporte, devolver la mercancía al almacén de origen o incluso entregarla en otro lugar o a otro destinatario diferente.

La ejecución del derecho de disposición puede ser útil en diferentes casos, como por ejemplo discrepancias comerciales entre el cargador y el cliente destinatario, resolución de errores, programación logística que aconseja entregar en otro almacén, o incidentes sobrevenidos después del inicio del transporte (huelga, inclemencia meteorológica, etc.).

Incluso se puede pactar entre el vendedor (normalmente cargador) y el comprador (destinatario), que este último pueda ejercer el derecho de disposición desde el inicio del transporte, siempre y cuando se haya expresado en la carta de porte.

El segundo apartado limita el número de veces que se puede ejercitar el derecho de disposición. Esta limitación ofrece seguridad jurídica para el porteador que, en caso contrario, se podría encontrar con un transporte con sucesivas modificaciones y ampliaciones que añadirían incertidumbre sobre su entrega final (destinatario por determinar y, en su caso, responsable del pago del servicio si éste es quien lo ha de pagar).

> *Artículo 30. Ejercicio y extinción del derecho de disposición.*
> *1. El ejercicio del derecho de disposición está subordinado a las condiciones siguientes:*
>   *a) El cargador o el destinatario debe presentar al porteador el primer ejemplar de la carta de porte, en el que constarán las nuevas instrucciones, y resarcirle de los gastos y daños que se ocasionen por la ejecución de tales instrucciones.*

La presentación del primer ejemplar de la carta de porte con las variaciones evitará que se puedan exigir responsabilidades al porteador por su primera redacción. Es una prueba para el porteador de la existencia de las nuevas instrucciones encomendadas.

En los casos en que el cumplimiento de estas instrucciones suponga, por ejemplo, una distancia mayor, esta variación deberá compensarse al porteador en la medida en que el precio por el servicio de transporte tendrá que ajustarse al servicio final realizado.

> *b) La ejecución de las nuevas instrucciones debe ser posible en el momento en que se comuniquen al porteador, sin dificultar la explotación normal de su empresa ni perjudicar a cargadores o destinatarios de otros envíos. En caso contrario, el porteador deberá comunicar inmediatamente la imposibilidad de cumplir tales instrucciones a quien se las dio.*

Una gestión adecuada del departamento de tráfico de las empresas de transporte persigue limitar al máximo los recorridos en vacío de los vehículos. Por eso los responsables de tráfico de estas empresas buscan y acuerdan continuamente nuevas cargas para sus vehículos. El objetivo es que antes de acabar un servicio ya se disponga de otro lo más próximo posible al destino final del anterior.

Por esta razón, el porteador suele planificar viajes posteriores a los que en cada momento está ejecutando. Estos próximos servicios pueden estar comprometidos con los clientes mediante órdenes de carga. El ejercicio del derecho de disposición puede impedir cumplir con dichos compromisos y, en ese caso, el porteador debe comunicar la imposibilidad de cumplir las nuevas instrucciones que se derivan del ejercicio del derecho de disposición.

Otros casos en los que al porteador le puede resultar imposible cumplir las nuevas instrucciones pueden ser aquellos en los que varios envíos de diferentes cargadores y destinatarios comparten el vehículo en grupaje. En estos servicios se ha planificado una ruta para cumplir con los plazos de entrega y otras condiciones. Por tanto, si el cumplimiento del derecho de disposición perjudicara a esos otros cargadores o destinatarios el porteador se puede negar a ejecutarlo alegando dicho perjuicio.

> *c) Las instrucciones no podrán tener como efecto la división del envío.*

El envío o remesa es la mercancía que un cargador entrega en un lugar de origen para su transporte hasta un lugar de destino y entrega a un destinatario. El apartado 3 del artículo 10 exige una carta de porte para cada envío, y es que su división provocaría un problema formal, pues a un destinatario de un envío parcial consecuencia del derecho de disposición, se le presentaría para su firma como destinatario una carta de porte donde se expresaría el envío completo que se redactó en origen.

> *2. El porteador que no ejecute las instrucciones que se le hayan dado en las condiciones anteriormente señaladas, o que las haya ejecutado sin haber exigido la presentación del primer ejemplar de la carta de porte, responderá de los perjuicios causados por este hecho.*

Por una parte, queda claro que si el porteador no alega los impedimentos comentados, éste está obligado al cumplimiento del derecho de disposición.

Por otra, se subraya la importancia de la exigencia del primer ejemplar de la carta de porte con las instrucciones modificadas. Esto es así porque se debe preservar la fuerza probatoria de la carta de porte.

> *3. El derecho del cargador regulado en este artículo se extingue cuando el segundo ejemplar de la carta de porte se entregue al destinatario o cuando éste reclame la entrega de la mercancía o haga uso de los derechos que le corresponden en caso de pérdida o retraso en la entrega. A partir de ese momento el porteador deberá someterse a las instrucciones del destinatario.*

En los casos descritos, una vez llegado el envío a destino se extingue la posibilidad de uso del derecho de disposición. A partir de este momento, la mercancía se ha entregado o, en caso contrario, comienza el proceso y plazo de reclamaciones al porteador.

4.6   Impedimentos al transporte

> *Artículo 31. Impedimentos al transporte.*
> *1. Si el transporte de las mercancías no puede llevarse a cabo en las condiciones que fija el contrato por causas debidamente justificadas, el porteador lo comunicará al cargador solicitándole instrucciones al respecto.*
> *2. A falta de instrucciones, el porteador tomará aquellas medidas razonables y proporcionadas que considere adecuadas para el buen fin de la operación, incluida la de restituir las mercancías a su lugar de origen, depositarlas en almacén seguro o conducirlas a su punto de destino en condiciones diferentes.*
> *3. Los gastos y los perjuicios derivados de la solicitud y ejecución de instrucciones o, en su caso, de la falta de éstas o del retraso en su emisión serán de cuenta del cargador, a no ser que haya habido culpa del porteador.*

Existe una amplia casuística a la que se podría aplicar este artículo, como condiciones meteorológicas que impidan el transporte (helada, inundación, terremoto, etc.), huelga, tumulto y cierre de carreteras, entre otras. En todos estos casos, que deberán ser justificados por el porteador, éste deberá solicitar instrucciones de actuación al cargador como legítimo propietario de las mercancías.

Se deja a juicio del porteador, en caso de no recibir instrucciones, su actuación diligente. Entonces, se abre un abanico de posibilidades de actuación siempre y cuando sean las adecuadas para preservar el interés de la mercancía y su transporte, como la devolución a origen, depósito en almacenes o incluso el uso de otros conductos o medios de transporte (condiciones diferentes) con el objetivo de conducirlas a su destino.

Los gastos de ejecución de instrucciones, por ejemplo la estancia en almacenes hasta fin de una huelga que impida el transporte, deberán ser sufragados por el cargador, así como los gastos por falta de instrucciones o consecuencia del retraso en su emisión en forma, por ejemplo, de paralizaciones.

4.7   Riesgo de pérdida o daño de las mercancías

> *Artículo 32. Riesgo de pérdida o daño de las mercancías.*
> *1. Si, a pesar de las medidas que hayan podido adoptarse, las mercancías transportadas corrieran el riesgo de perderse o de sufrir daños graves, el porteador lo comunicará de inmediato al titular del derecho de disposición solicitándole instrucciones.*
> *2. La persona que hubiera impartido instrucciones asumirá los gastos que se deriven de su solicitud y ejecución, a no ser que haya habido culpa del porteador.*
> *3. El porteador podrá solicitar ante el órgano judicial o la Junta Arbitral del Transporte competente la venta de la mercancía sin esperar instrucciones, cuando así lo justifique la naturaleza o el estado de la mercancía. El producto de dicha venta quedará a disposición de quien corresponda, previa deducción del precio del transporte y de los gastos ocasionados.*

Se trata de un caso poco habitual pero, con el objetivo de asegurar el interés del que tiene derecho sobre la mercancía, y ante una situación de riesgo de pérdida para ésta, se cubre así la posibilidad de que se tomen estas medidas para minimizar las pérdidas como consecuencia de dicha situación.

Lo primero que debe hacer el porteador es solicitar instrucciones al cargador. En caso de que se hubiese cedido el derecho de disposición al destinatario, se solicitarían a este último.

Los costes que se generen por la ejecución de las instrucciones recibidas serán a cuenta del que las impartió (el coste de un intermediario que procede a la venta de las mercancías, así como del almacenaje y custodia de la mercancía hasta su venta, etc.).

A pesar de que las tecnologías de la comunicación permiten recibir instrucciones en tiempo real, en caso de no recibirlas, y si lo justifica la naturaleza de la carga, el porteador puede recurrir al juzgado o JAT para la venta de las mercancías.

El producto de la venta queda sujeto en primer lugar al pago del servicio de transporte y de los gastos que dicha venta haya podido ocasionar (comisiones, almacenaje, conservación y transporte al nuevo comprador, etc.) y, en su caso, el remanente queda a disposición del que tiene derecho sobre la mercancía vendida.

Capítulo 5
El contrato: entrega de la mercancía y su estado, derechos del destinatario, impedimentos en la entrega, precio del transporte y su pago, el impago, demora y reembolso. Extinción de los contratos

5.1 Lugar y plazo de entrega de la mercancía al destinatario

> *Artículo 33. Lugar y plazo de entrega de la mercancía al destinatario.*
> *1. El porteador deberá entregar la mercancía transportada al destinatario en el lugar y plazo pactados en el contrato.*
>
> *En defecto de plazo pactado, la mercancía deberá ser entregada al destinatario dentro del término que razonablemente emplearía un porteador diligente en realizar el transporte, atendiendo a las circunstancias del caso.*
> *2. El plazo de entrega empieza a correr con la recepción de las mercancías para su transporte. Se prorrogará por el tiempo que las mercancías estén paradas por causa no imputable al porteador y su cómputo se suspenderá los días festivos y los inhábiles para circular.*

La LCTT aplica una redacción próxima al convenio CMR en cuanto al lugar y plazo de entrega de la carga, lo que aporta cierta indeterminación cuando no se ha pactado un plazo de transporte. En concreto, se atendrá al que emplearía un porteador diligente.

Por tanto, es especialmente importante fijarlo si el cargador tiene interés en ello. Ya se ha comentado que en los flujos logísticos se tiende a un mayor número de envíos, con más referencias y mayor frecuencia de entrega, con el objetivo de reducir costes de almacenaje. Por ello, suele pactarse y expresarse en la carta de porte no sólo el día, sino también la hora o el intervalo horario en el que se debe entregar la mercancía.

Por su parte, el porteador debe revisar bien el plazo antes de firmar la carta de porte, y comprobar si es posible su cumplimiento en función de la distancia, tiempos de conducción y descanso,[1] entre otros condicionantes de la operación.

---

[1] La principal norma que regula los tiempos de conducción y descanso es el Reglamento CE 561/2006 del Consejo Europeo, relativo a la armonización de determinadas disposiciones en materia social en el sector de los transportes por carretera y que modifica los reglamentos 3821 y 2135; y que deroga el reglamento 3820/85 (DOCE de 11 de abril 2006, que entró en vigor el 2 de mayo de 2006).

De hecho, lo más conveniente sería que el plazo estuviese expresado en la orden de carga, convirtiéndose en una condición del transporte. Así, el responsable de tráfico de la empresa de transporte, asignaría ese servicio a un conductor que pudiera cumplir dicho plazo en función de su situación respecto a los tiempos de conducción y descanso.

Asimismo, si se expresa en la carta de porte y el conductor la firma, éste está asumiendo que puede, en principio, cumplir con el plazo expresado para la entrega en destino.

El cómputo del plazo comienza cuando el porteador recibe las mercancías. Lo habitual es que esa recepción coincida con el final de las operaciones de carga y estiba, que es cuando se presenta la carta de porte para su firma y se inicia el plazo de transporte. Si el envío se detiene por circunstancias ajenas al porteador, como cortes de carretera o inclemencias meteorológicas, este tiempo supone una prórroga del plazo de transporte.

Respecto a los días festivos e inhábiles para circular, es conveniente que el porteador (conocedor de éstos) informe al cargador sobre su efecto en cuanto al plazo pactado en la carta de porte.

El retraso, es decir, la entrega de la mercancía tras superar el plazo de transporte, puede constituir responsabilidad del porteador y conllevar una indemnización (véase el capítulo 7).

5.2 Estado de las mercancías en el momento de entrega al destinatario

---

Artículo 34. Estado de las mercancías en el momento de entrega al destinatario.

1. La mercancía transportada deberá ser entregada al destinatario en el mismo estado en que se hallaba al ser recibida por el porteador, sin pérdida ni menoscabo alguno, atendiendo a las condiciones y a la descripción de la misma que resultan de la carta de porte.

2. Si el porteador y el destinatario no consiguen ponerse de acuerdo en torno al estado de las mercancías entregadas o a las causas que hayan motivado los daños, podrán disponer su reconocimiento por un perito designado a tal efecto por ellos mismos o por el órgano judicial o la Junta Arbitral del Transporte que corresponda.

3. Cuando no se conformen con el dictamen pericial que, en su caso, se hubiese realizado ni transijan de otro modo sus diferencias, cada una de las partes usará de su derecho como corresponda.

La obligación de resultado del porteador implica la custodia y el transporte del envío hasta destino, tal y como éste se la entregó según la descripción de la carta de porte y en las condiciones estipuladas: plazo, temperatura, etc.

En caso de controversia entre porteador y destinatario sobre el estado de las mercancías en destino, ambas partes pueden recurrir al examen de un perito. Si el desacuerdo se mantiene tras el examen pericial, le queda a cada parte el recurso a las opciones que la LCTT contempla (reclamación, depósito, etc.).

5.3   Derechos del destinatario

> *Artículo 35. Derechos del destinatario.*
>
> *1. El destinatario podrá ejercitar frente al porteador los derechos derivados del contrato de transporte desde el momento en que, habiendo llegado las mercancías a destino o transcurrido el plazo en que deberían haber llegado, solicite su entrega.*
>
> *2. El destinatario que se prevalga de lo dispuesto en el apartado anterior estará obligado a hacer efectivo el precio del transporte y los gastos causados o, en caso de disputa sobre estos conceptos, a prestar la caución suficiente.*

En caso de solicitar la entrega del envío en destino, el destinatario se compromete a pagar el precio del transporte y otros gastos causados (retrasos, paralizaciones, etc.) y, como contrapartida, podrá hacer valer todos sus derechos, incluyendo reclamaciones sobre el estado de la mercancía, reclamaciones por responsabilidad al porteador (pérdida, avería o retraso en la entrega), etc.

Si existe desacuerdo sobre el importe del precio del transporte que se ha de pagar, el destinatario deberá garantizarlos de forma suficiente a juicio del porteador.

5.4   Impedimentos a la entrega

> *Artículo 36. Impedimentos a la entrega.*
>
> *1. Cuando no se realice la entrega por no hallarse el destinatario en el domicilio indicado en la carta de porte, por no hacerse cargo de la mercancía en las condiciones establecidas en el contrato, por no realizar la descarga correspondiéndole hacerlo o por negarse a firmar el documento de entrega, el porteador lo hará saber al cargador en el plazo más breve posible y aguardará sus instrucciones.*

Ante cualquiera de estas situaciones, el porteador debe solicitar instrucciones al cargador, y éste debe aportar la solución a dicha circunstancia. El porteador, una vez haya comunicado la incidencia al cargador, queda a la espera de sus instrucciones.

Esta solución puede consistir en identificar de forma correcta el lugar de entrega, resolver una disputa comercial con el destinatario (detalles del envío, cantidad, precio, forma de pago de la compraventa, etc.), hacer que el destinatario se responsabilice de las labores de descarga, tal y como se pactó en el contrato de transporte, o que firme la carta de porte a modo de «recibí».

> *2. Si el impedimento cesa antes de que el porteador haya recibido instrucciones, entregará las mercancías al destinatario, notificándolo inmediatamente al cargador.*

Si el destinatario acepta la entrega de las mercancías antes de que el porteador reciba instrucciones del cargador, el porteador continuará con la operación y entregará las mercancías al destinatario. El porteador queda obligado en este caso a comunicar al cargador la entrega definitiva del envío.

Un posible caso de resolución del impedimento es que el destinatario pague el reembolso pactado, que en un principio desconocía, y que posteriormente ha aclarado con el cargador. También puede ocurrir que se estén dirimiendo disputas comerciales entre vendedor y comprador de la mercancía respecto a su estado o condiciones de compraventa: precio, forma de pago, etc. Ante esta situación, el porteador queda «atrapado» en la disputa, que finalmente se resuelve cuando el destinatario solicita la entrega del envío.

> *3. El porteador tiene derecho a exigir del cargador el pago de los gastos y perjuicios que le ocasionen la petición y ejecución de instrucciones, así como el retraso o la falta de instrucciones, a menos que estos gastos sean causados por su culpa.*

Algunos ejemplos de estos gastos y perjuicios pueden ser el coste de las comunicaciones, un sobreprecio por un trayecto mayor, retrasos y paralizaciones u otros costes en destino (almacenaje temporal, cambio de vehículo, etc.).

> *4. Si surgen impedimentos a la entrega después de que el destinatario haya dado orden de entregar las mercancías a una tercera persona en el ejercicio de su derecho de disposición, el destinatario sustituye al cargador y el tercero al destinatario a efectos de lo dispuesto en este artículo.*

Este apartado contempla la posibilidad de que se ejecute por parte del destinatario el derecho de disposición contemplado en los artículos 29 y 30 de la LCTT. Por tanto, la primera condición para aplicar este apartado es que dicho derecho se haya cedido del cargador al destinatario mediante pacto expreso.

En este caso, el destinatario original sustituye al cargador, de manera que si el nuevo destinatario presenta impedimentos a la entrega se pedirán instrucciones al destinatario original («nuevo cargador»).

Asimismo, el destinatario final goza de los derechos del destinatario original y puede, por tanto, solicitar la entrega de las mercancías mientras el porteador espera instrucciones del «nuevo» cargador (destinatario original).

El derecho de disposición se puede ejecutar sólo una vez, por lo que el nuevo destinatario no pude nombrar otro posterior en aras de la seguridad jurídica del porteador.

> *5. Si no fuera posible para el transportista solicitar nuevas instrucciones al cargador, o si dichas instrucciones no fueran impartidas por éste en el plazo acordado por las partes, el transportista podrá proceder conforme se establece en el artículo 44 de la presente ley.*

El citado artículo 44 abre distintas posibilidades para que el porteador resuelva esta situación, entre ellas la de que el porteador descargue y custodie el envío o encargue su depósito a un tercero, ya sea un juzgado o una junta arbitral de transporte.

5.5 Pago del precio del transporte

> *Artículo 37. Pago del precio del transporte.*
> *1. Cuando nada se haya pactado expresamente, se entenderá que la obligación del pago del precio del transporte y demás gastos corresponde al cargador.*
> *2. Cuando se haya pactado el pago del precio del transporte y los gastos por el destinatario, éste asumirá dicha obligación al aceptar las mercancías.*
> *No obstante, el cargador responderá subsidiariamente en caso de que el destinatario no pague.*

La redacción de este artículo es una de las de mayor trascendencia de la LCTT. En primer lugar, es sumamente importante que quede claro y de manera expresa qué parte, cargador o destinatario, se ha acordado que pagará el transporte.

Es usual que se usen fórmulas del tipo «porte pagado» o «porte debido» que, aún siendo tradicionales, ofrecen dudas sobre el obligado al pago. En los modelos más usuales de carta de porte aparece una casilla donde se especifica «porte a pagar por cargador/destinatario» o redacción similar, que clarifica quién debe pagar el transporte.

Si no se ha pactado nada, se entiende que pagará el cargador. Si se ha pactado que paga el destinatario, éste se compromete a ello como contrapartida por la aceptación de las mercancías (independientemente de que pueda reclamar posteriormente al porteador).

La principal novedad que aporta este artículo es la responsabilidad subsidiaria del cargador ante el impago del destinatario. Por tanto, si el destinatario es el obligado a pagar el precio del transporte y finalmente no lo paga, el porteador puede reclamárselo al cargador.

Se refuerza así la capacidad y garantía de cobro del porteador, y se «busca poner fin a ciertos abusos de la práctica cometidos en perjuicio de los legítimos intereses del porteador», como literalmente se indica en el preámbulo de la LCTT. Esta «garantía de cobro» ya la ostentan los transportistas franceses mediante la conocida Ley Gayssot desde 1998.

5.6 Revisión del precio del transporte en función de la variación del precio del gasóleo

> *Artículo 38. Revisión del precio del transporte por carretera en función de la variación del precio del gasóleo.*
>
> *1. En los transportes por carretera, salvo que otra cosa se hubiera pactado expresamente por escrito, cuando el precio del gasóleo hubiese aumentado entre el día de celebración del contrato y el momento de realizarse el transporte, el porteador podrá incrementar en su factura el precio inicialmente pactado en la cuantía que resulte de aplicar los criterios o fórmulas que, en cada momento, tenga establecidos la Administración en las correspondientes condiciones generales de contratación del transporte de mercancías por carretera.*
>
> *Dichos criterios o fórmulas deberán basarse en la repercusión que la partida de gasóleo tenga sobre la estructura de costes de los vehículos de transporte de mercancías.*

La posibilidad de repercutir y aumentar el precio de transporte inicialmente pactado ante subidas del gasóleo ha sido una de las reivindicaciones tradicionales del sector del transporte por carretera en los últimos años. El coste del gasóleo llega a suponer el 30 %[2] de los costes directos de un vehículo tipo. La inestabilidad del precio del gasoil, en concreto su alza, ha significado en muchas ocasiones un quebranto económico para los transportistas, que encuentran enormes dificultades para repercutir estas subidas en los precios que ofrecen a sus clientes cargadores.

Se debe entender que sólo se revisará el precio del transporte cuando medie un plazo de tiempo desde que se celebró el contrato de transporte (aceptación entre las partes), y su ejecución. Por tanto, en los casos más usuales de contrato viaje en los que se aceptan unas condiciones para realizar transportes de forma inmediata (el mismo día o en días próximos) no existe posibilidad de revisión de precio. Se aplica esta disposición a los transportes de duración continuada y a los contratados en el marco de una operación logística (véanse los artículos 8 y 9).

Si las partes no quieren que se actualice el precio del transporte deberán expresarlo formalmente. Una estipulación válida, a modo de ejemplo, sería: «Las partes acuerdan

---

[2] Se pueden observar más detalles sobre el porcentaje que representa el gasóleo en distintos tipos de vehículos en el Observatorio de Costes del Transporte de Mercancías por Carretera que publica trimestralmente el Ministerio de fomento (www.mfom.es).

> **Caso práctico 1**
>
> El transportista Transrápido, SA, acordó el 20 de julio de 2009 un precio para un servicio de transporte con el cargador Vendecom, SA, de 980 € para un trayecto determinado, a realizar periódicamente dos veces a la semana (transporte continuado).
>
> Se pretende determinar el precio a facturar por dicho servicio realizado el día 18 de agosto de 2009. Consultando la tabla 1, que indica el índice de variación del precio del gasóleo entre ambas fechas, resulta que G tiene un valor de 106,69 (100 de base, a lo que se añaden 6,69 = 2,09 + 1,69 + 2,52 + 0,39), resultante de sumar los índices de variación desde que se pactó el precio hasta que se efectuó el transporte.
>
> Operando con la fórmula descrita en las CGC:
>
> $^\wedge$P = G × P × 0,3/100
> G = 106,69 - 100 = 6,69
> $^\wedge$P = 6,69P × 0,3/100
> $^\wedge$P = 0,02007 P
> $^\wedge$P = 2,007 %
> Precio original = 980 €
> Precio actualizado = 980 € × (1 + 0,02007) = 980 × 1,02007
> Resultado: precio actualizado = 999,66 €

expresamente que cualquier modificación en el precio del transporte requiere la aceptación expresa y por escrito de ambas, incluso las que se puedan derivar de la variación en el precio del combustible».

En la disposición derogatoria única de la LCTT se declaran vigentes, en lo que no se opongan a esta ley, las CGC de 1997. Esta norma se modificó en 2005 y 2008. En ambas modificaciones, uno de los aspectos que se incluyeron fue el de la revisión del precio del transporte en función de la variación del precio del gasóleo.

En concreto, en la actualización de 2008 se modificó la cláusula 2.1, que quedó redactada, resumidamente, en estos términos:

«Salvo que las partes hayan pactado otro distinto mediante contrato o carta de porte, el precio que se ha de aplicar a un servicio será el usual para el lugar y momento en que el porteador reciba las mercancías. El precio usual equivaldrá al coste que para ese tipo de transporte venga determinado en el último observatorio de costes publicado por el Ministerio de Fomento.

Cuando entre el día de celebración del contrato y el momento de realizarse el transporte el precio del gasóleo hubiese aumentado, el porteador podrá incrementar en su factura el precio inicialmente pactado en la cuantía que resulte de aplicar una fórmula según el tipo de vehículo».

Para vehículos de MMA superior a 20 toneladas la fórmula que se ha de aplicar es:

$^\wedge$P = G × P × 0,3/100; siendo:

Fecha	Índice	Variación del precio: desde	hasta	%	Fecha	Índice	Variación del precio: desde	hasta	%
10/06/2008	100,00				15/03/2009	64,55	08/03/2009	15/03/2009	-0,95
15/06/2008	99,95	10/06/2008	15/06/2008	-0,05	22/03/2009	64,72	15/03/2009	22/03/2009	0,26
22/06/2008	100,66	15/06/2008	22/06/2008	0,71	29/03/2009	66,20	22/03/2009	29/03/2009	2,29
29/06/2008	101,09	22/06/2008	29/06/2008	0,43	05/04/2009	66,72	29/03/2009	05/04/2009	0,79
06/07/2008	102,02	29/06/2008	06/07/2008	0,92	12/04/2009	67,26	05/04/2009	12/04/2009	0,81
13/07/2008	102,56	06/07/2008	13/07/2008	0,53	19/04/2009	67,25	12/04/2009	19/04/2009	-0,01
20/07/2008	102,80	13/07/2008	20/07/2008	0,23	26/04/2009	67,32	19/04/2009	26/04/2009	0,10
27/07/2008	100,77	20/07/2008	27/07/2008	-1,97	03/05/2009	66,74	26/04/2009	03/05/2009	-0,86
03/08/2008	98,58	27/07/2008	03/08/2008	-2,17	10/05/2009	67,10	03/05/2009	10/05/2009	0,54
10/08/2008	95,27	03/08/2008	10/08/2008	-3,36	17/05/2009	67,89	10/05/2009	17/05/2009	1,18
17/08/2008	93,83	10/08/2008	17/08/2008	-1,51	24/05/2009	67,77	17/05/2009	24/05/2009	-0,18
24/08/2008	92,84	17/08/2008	24/08/2008	-1,06	31/05/2009	67,61	24/05/2009	31/05/2009	-0,24
31/08/2008	93,11	24/08/2008	31/08/2008	0,29	07/06/2009	69,76	31/05/2009	07/06/2009	3,18
07/09/2008	92,75	31/08/2008	07/09/2008	-0,39	14/06/2009	72,51	07/06/2009	14/06/2009	3,94
14/09/2008	92,09	07/09/2008	14/09/2008	-0,71	21/06/2009	74,24	14/06/2009	21/06/2009	2,39
21/09/2008	90,61	14/09/2008	21/09/2008	-1,61	28/06/2009	73,91	21/06/2009	28/06/2009	-0,44
28/09/2008	89,37	21/09/2008	28/09/2008	-1,37	05/07/2009	74,30	28/06/2009	05/07/2009	-0,69
05/10/2008	89,58	28/09/2008	05/10/2008	0,23	12/07/2009	71,73	05/07/2009	12/07/2009	-2,28
12/10/2008	87,95	05/10/2008	12/10/2008	-1,82	19/07/2009	70,31	28/06/2009	12/07/2009	-1,98
19/10/2008	84,12	12/10/2008	19/10/2008	-4,35	26/07/2009	71,78	19/07/2009	26/07/2009	2,09
26/10/2008	82,02	19/10/2008	26/10/2008	-2,50	02/08/2009	72,99	26/07/2009	02/08/2009	1,69
02/11/2008	79,41	26/10/2008	02/11/2008	-3,18	09/08/2009	74,83	02/08/2009	09/08/2009	2,52
09/11/2008	78,48	02/11/2008	09/11/2008	-1,17	16/08/2009	75,12	09/08/2009	16/08/2009	0,39
16/11/2008	77,72	09/11/2008	16/11/2008	-0,97	23/08/2009	75,05	16/08/2009	23/08/2009	-0,09
23/11/2008	75,76	16/11/2008	23/11/2008	-2,52	30/08/2009	74,69	23/08/2009	30/08/2009	-0,48
30/11/2008	74,00	23/11/2008	30/11/2008	-2,32	06/09/2009	73,87	30/08/2009	06/09/2009	-1,10
07/12/2008	71,84	30/11/2008	07/12/2008	-2,92	13/09/2009	72,82	06/09/2009	13/09/2009	-1,42
14/12/2008	71,66	07/12/2008	14/12/2008	-0.25	20/09/2009	72,56	13/09/2009	20/09/2009	-0,36
21/12/2008	67,56	14/12/2008	21/12/2008	-5,72	27/09/2009	72,08	20/09/2009	27/09/2009	-0,66
28/12/2008	66,12	21/12/2008	28/12/2008	-2,13	04/10/2009	71,75	27/09/2009	04/10/2009	-0,46
04/01/2009	65,01	28/12/2008	04/01/2009	-1,68	11/10/2009	72,35	04/10/2009	11/10/2009	0,84
11/01/2009	67,47	04/01/2009	11/01/2009	3,78	18/10/2009	73,78	11/10/2009	18/10/2009	1,98
18/01/2009	68,07	11/01/2009	18/01/2009	0,89	25/10/2009	74,89	18/10/2009	25/10/2009	1,50
25/01/2009	68,06	18/01/2009	25/01/2009	-0,01	01/11/2009	75,55	25/10/2009	01/11/2009	0,88
01/02/2009	67,71	25/01/2009	01/02/2009	-0,51	08/11/2009	75,65	01/11/2009	08/11/2009	0,13
08/02/2009	67,83	01/02/2009	08/02/2009	0,18	15/11/2009	75,11	08/11/2009	15/11/2009	-0,71
15/02/2009	67,35	08/02/2009	15/02/2009	-0,71	22/11/2009	75,05	15/11/2009	22/11/2009	-0,08
22/02/2009	65,88	15/02/2009	22/02/2009	-2,18	29/11/2009	74,73	22/11/2009	29/11/2009	-0,43
01/03/2009	65,51	22/02/2009	01/03/2009	-0,56	06/12/2009	74,75	29/11/2009	06/12/2009	0,03
08/03/2009	65,17	01/03/2009	08/03/2009	-0,52	13/12/2009	74,04	06/12/2009	13/12/2009	-0,56

Tabla 5.1. Índice de variación semanal de los precios medios del gasóleo en España.[3]
Índice 100 = precio medio del gasóleo a 10 de junio de 2008.

---

[3] *Tabla 5.1.* Índice de variación semanal de los precios medios del gasóleo en España. Fuente: Ministerio de Fomento. Se publica semanalmente por dicho ministerio en www.fomento.es/MFOM/LANG_ CAS-TELLANO/DIRECCIONES_GENERALES/TRANSPORTE_POR_CARRETERA/SERVICIOS_TR ANSPORTISTA/inc_gasoleo_semanal.htm

^P = Cantidad en que el transportista podrá incrementar el precio contratado en su factura.

G = Indice de variación del precio medio del gasóleo publicado por la Administración entre la fecha de celebración del contrato y la de realización del transporte. Se introduce en la fórmula el resultado de (G-100) en número entero, de manera que, cuando el índice ha subido, incorpora un incremento, y si ha descendido, supone una disminución en la fórmula.

P = Precio del transporte establecido al contratar

> *2. De la misma manera, el obligado al pago del transporte podrá exigir una reducción equivalente del precio inicialmente pactado cuando el precio del gasóleo se hubiese reducido entre la fecha de celebración del contrato y la de realización efectiva del transporte.*

La LCTT instaura un sistema de actualización del precio en función del coste del gasóleo, tanto al alza como a la baja, y ambas partes pueden exigirse mutuamente dicha actualización según convenga a cada una. Por tanto, si el cargador pactó un precio con el porteador y posteriormente el gasóleo se abarata, puede exigirle la actualización del precio del transporte en relación a dicha reducción de precio.

De hecho, cuando se actualizaron en 2008 las CGC, coincidió con un periodo de disminución del precio del gasóleo que hubiese generado una reducción de los precios de transporte pactados anteriormente.

Caso práctico 2

El transportista Transrápido, SA, tenía acordada, el mes de mayo de 2008, una tarifa unitaria con el cargador Vendecom, SA, a razón de 1,1 € por kilómetro con carga para cualquier servicio de transporte nacional. Se pretende determinar el precio a aplicar a un servicio de transporte de 2.200 km realizado el 20 de octubre de 2009.

Consultando la tabla 1, que indica el índice de variación del precio del gasóleo entre ambas fechas, resulta que G tiene un valor de 74,89 si se toma como base 100 el precio del gasóleo a 10 de junio de 2008.

Operando con la fórmula descrita en las CGC:

$$\^P = G \times P \times 0,3/100$$
$$G = 74,89-100 = -25,11$$
$$\^P = -25,11P \times 0,3/100$$
$$\^P = -0,07533\,P$$
$$\^P = -7,53\,\%$$

Precio original = 2.200 km × 1,1 €= 2420€

Precio actualizado = 2.420 € × (1 - 0,07533) = 2420 × 0,92467

Resultado: precio actualizado = 2.237,70 €

> *3. Los criterios o fórmulas señalados serán de aplicación automática siempre que el precio del gasóleo hubiera experimentado una variación igual o superior al 5 por ciento, salvo que, expresamente y por escrito, se hubiera pactado otra cosa distinta previa o simultáneamente a la celebración del contrato.*
>
> *Salvo pacto en contrario, en los contratos de transporte continuado se aplicarán de forma automática los incrementos o reducciones determinados por la aplicación de los anteriores criterios o fórmulas con carácter trimestral en relación con el precio inicialmente pactado, sea cual fuere el porcentaje en que hubiese variado el precio del gasóleo.*

El aumento o disminución en cuantía superior al 5 % determina la aplicación automática de la actualización correspondiente sin necesidad de exigencia formal por ninguna de las partes.

En los contratos de transporte continuado, en los que existe una relación duradera entre cargador y porteador, serán siempre aplicables de manera automática y con periodicidad trimestral los criterios de actualización del precio del servicio de transporte en función de la variación del precio del gasóleo.

> *4. El pacto en contrario se considerará nulo en todos aquellos casos en que tenga un contenido claramente abusivo en perjuicio del porteador y carecerá de efecto cuando se contenga en unas condiciones generales respecto de las que la parte que no las ha propuesto sólo pueda mostrar su aceptación o rechazo global.*

El sector del transporte por carretera, muy competitivo en precio y atomizado, es decir, conformado en su mayoría por numerosas empresas de reducido tamaño, ha denunciado en multitud de ocasiones la dificultad que encuentra al tratar de repercutir a sus clientes (cargadores) el alza de sus costes. Los cargadores suelen disponer de un mayor poder de negociación frente al porteador.

Así pues, la LCTT dispone en este apartado una salvaguardia para los porteadores, ya que se considerarán nulos aquellos contratos que supongan, como imposición del cargador, la renuncia del porteador a la actualización del precio del transporte.

5.7   Obligación del pago del precio y los gastos del transporte

> *Artículo 39. Obligación de pago del precio y los gastos del transporte.*
> *1. Cuando otra cosa no se haya pactado, el precio del transporte y los gastos exigibles en virtud de una operación de transporte deberán ser abonados una vez cumplida la obligación de transportar y puestas las mercancías a disposición del destinatario.*

La obligación de pago, por defecto, surge cuando se ha transportado y se pone el envío a disposición del destinatario. No dice la LCTT que deba entregarse el envío para que surja la obligación de pago. Esta matización es importante, pues posibilita el privilegio del porteador a cobrar el precio del transporte como condición para entregar la mercancía.

A pesar de este artículo, teniendo en cuenta que la LCTT tiene carácter subsidiario a lo acordado por las partes, cargador y porteador suelen acordar plazos de pago del precio del transporte de entre treinta y noventa días. Este plazo se suele iniciar cuando el cargador recibe del porteador el ejemplar de la carta de porte (junto al albarán, factura, etc.), que prueba la entrega al destinatario (con la firma de éste). Si así se ha pactado, se está condicionando el pago del servicio de transporte a la entrega de la mercancía al destinatario.

El importe del servicio de transporte y sus condiciones de pago, plazo y medio (transferencia, pagaré u otro), suele pactarse verbalmente antes del transporte y reflejarse en la orden de carga, orden de porte o similar, previa al desarrollo del propio servicio.

> *2. En caso de ejecución parcial del transporte, el porteador sólo podrá exigir el pago del precio y los gastos en proporción a la parte ejecutada, siempre que ésta reporte algún beneficio para el deudor.*
>
> *No obstante, el porteador conservará su derecho al cobro íntegro cuando la inejecución se haya debido a causas imputables al cargador o al destinatario.*

Se determina primero una regla de proporcionalidad en la exigencia del pago del transporte acorde con su realización. Se reitera el derecho del porteador a exigir el pago cuando dicho servicio no se ha podido culminar por causa imputable al cargador o destinatario, por inexactitud del lugar de entrega, falta de instrucciones ante impedimentos en la entrega, estiba deficiente que ha provocado daños, instrucciones inadecuadas sobre temperatura u otros.

> *3. En los contratos de transporte continuado, si las partes hubiesen acordado el pago periódico del precio del transporte y de los gastos relativos a los sucesivos envíos, dicho pago no será exigible hasta el vencimiento del plazo convenido.*

En estos contratos se suelen pactar unos plazos de liquidación y facturación entre cargador y porteador. Por tanto, suponen una excepción a la regla general de exigencia de pago tras realizar el servicio de transporte.

> *4. En defecto de pacto entre las partes sobre la fijación del precio del transporte, el precio del transporte será el que resulte usual para el tipo de servicio de que se trate en el momento y lugar en el que el porteador haya de recibir las mercancías. En ningún caso se presumirá que el transporte es gratuito.*

El servicio de transporte es siempre oneroso cuando se ejecuta en cumplimiento de un contrato de transporte.

Los precios son totalmente libres y se acuerdan entre cargador y porteador. Es un dato que no suele, ni debe, quedar pendiente de determinación con posterioridad al desarrollo del servicio. De hecho, es una de las estipulaciones que se fijan en la orden de carga con mayor claridad.

Si no se hubiese fijado, serían de aplicación las CGC, que especifican en la cláusula 2.1 (actualización de 2008) que el precio usual equivaldrá al coste que para ese tipo de transporte venga determinado en el último observatorio de costes publicado por el Ministerio de Fomento. Se podrían solicitar referencias de precios a federaciones de transportistas y cámaras de comercio.

Para evitar esta indeterminación, se aconseja siempre pactar, expresamente y por escrito, el precio que se ha de aplicar a un servicio de transporte.

5.8   Enajenación de las mercancías por impago del precio del transporte

> *Artículo 40. Enajenación de las mercancías por impago del precio del transporte.*
> *1. Si llegadas las mercancías a destino, el obligado no pagase el precio u otros gastos ocasionados por el transporte, el porteador podrá negarse a entregar las mercancías a no ser que se le garantice el pago mediante caución suficiente.*
> *2. Cuando el porteador retenga las mercancías, deberá solicitar al órgano judicial o a la Junta Arbitral del Transporte competente el depósito de aquéllas y la enajenación de las necesarias para cubrir el precio del transporte y los gastos causados, en el plazo máximo de diez días desde que se produjo el impago.*

Este privilegio del porteador consiste en condicionar la entrega del envío al destinatario a que éste pague el precio del transporte o garantice, de forma suficiente a juicio del porteador, dicho pago.

Sin embargo, hemos comentado anteriormente que es muy usual ofrecer un aplazamiento en el pago del servicio de transporte, lo que implica una confianza por parte del porteador y la entrega material del envío al destinatario. Lo más común es que se entreguen las mercancías al destinatario y, *a posteriori*, el porteador remita la factura y la carta de porte con la firma del destinatario al cargador, para que éste proceda al pago del servicio dentro del plazo acordado. Una vez entregadas las mercancías, obviamente, el derecho del artículo 40.1 no se puede ejercitar.

No obstante, este artículo tiene una gran importancia en los casos en que el destinatario está obligado al pago del servicio y no lo abona a la entrega, o no ofrece garantías al porteador sobre dicho pago. También podría aplicarse cuando el obligado al pago sea el cargador y, antes de la puesta a disposición del envío, se le haya reclamado el pago y no lo haya cumplido.

En estos casos, este artículo es una garantía mediante la que el valor de las mercancías queda sujeto al pago de los créditos que resulten de la carta de porte. El recurso al juez o a la junta arbitral de transporte para su depósito, venta y pago del transporte y sus gastos se configura como la opción más ventajosa para el porteador. Es muy importante solicitar esta posibilidad en el plazo de diez días desde que se produjo el impago. Aún así, es una opción a la que, por lo complicado del proceso, se recurre en muy pocas ocasiones.

5.9   Demora en el pago del precio

> *Artículo 41. Demora en el pago del precio.*
> *1. En todo caso, sin perjuicio de lo dispuesto en los dos artículos anteriores, el obligado al pago del transporte incurrirá en mora en el plazo de treinta días, en los términos previstos en la Ley 3/2004, de 29 de diciembre, por la que se establecen medidas de lucha contra la morosidad en las operaciones comerciales.*
> *2. Cuando la fecha de recibo de la factura o la solicitud de pago equivalente se preste a duda, así como en todos los casos de autofacturación por parte del obligado al pago, los treinta días anteriormente señalados se computarán desde la fecha de entrega de las mercancías en destino.*
> *3. El pacto en contrario se considerará nulo en todos aquellos casos en que tenga un contenido abusivo en perjuicio del porteador, conforme a las reglas que, a tal efecto, señala el artículo 9 de la Ley 3/2004.*
> *Asimismo, carecerá de efecto el pacto en contrario cuando se contenga en unas condiciones generales respecto de las que la parte que no las ha propuesto sólo puede mostrar su aceptación o rechazo global.*

El plazo máximo de pago de treinta días ya se incluía en los acuerdos de junio de 2008 (medida 1.1), que se formalizaron en la O.FOM 2184/2008. Las partes pueden pactar expresamente otro plazo de pago, y éste será aplicable siempre y cuando no se considere nulo en aplicación del apartado 3 de este artículo.

La Ley 3/2004 instaura, de forma general, el principio de libertad de pacto entre las partes sobre el plazo de pago (artículo 4) pero, en su defecto, determina un plazo gene-

Año	Período	Interés (%)
2007	Primer semestre natural	10,58
2007	Segundo semestre natural	11,07
2008	Primer semestre natural	11,20
2008	Segundo semestre natural	11,07
2009	Primer semestre natural	9,50
2009	Segundo semestre natural	8,00
2010	Primer semestre natural	8,00

Tabla 5.2. Evolución del tipo de interés de demora en el período 2007-2010.[4]

ral de treinta días tras la recepción de la factura o solicitud de pago equivalente por el deudor, y finalmente, si dicha fecha se presta a confusión, treinta días después de realizar el servicio de transporte, es decir, de entregar la mercancía en destino.

Se dispone en el citado artículo 9 que serán nulas las cláusulas pactadas entre las partes sobre la fecha de pago que difieran del plazo general de treinta días o sobre las consecuencias de la demora establecidas en dicha ley.

Finalizado el plazo de pago y sin que éste se haya producido, se comienzan a generar de forma automática intereses de demora a favor del acreedor. No es necesario que el acreedor (porteador) los exija o comunique al deudor (cargador). Estos intereses están en función del importe de la deuda, el tiempo en que se sobrepasa su pago respecto del plazo acordado y el tipo de interés de demora aplicable.

En el artículo 7.2 de la Ley 3/2004 se determina, en defecto de otro tipo de interés pactado por las partes, el tipo legal de interés de demora que el deudor estará obligado a pagar. Éste será la suma del tipo de interés aplicado por el BCE (Banco Central Europeo) a su más reciente operación principal de financiación, efectuada antes del primer día del semestre natural de que se trate, más siete puntos porcentuales. Este tipo de interés se aplicará durante los seis meses siguientes a su fijación.

El Ministerio de Economía y Hacienda publica semestralmente en el BOE el tipo de interés legal de demora. Su evolución se puede observar en la tabla 5.2.

También se considerarán nulas las cláusulas que se opongan a los requisitos para exigir los intereses de demora descritos en el artículo 6 de la Ley 3/2004. Estos requisitos, que deben concurrir simultáneamente, son que el acreedor haya cumplido sus obligaciones contractuales y legales y que no haya recibido a tiempo la cantidad debida, a menos que el deudor pueda probar que no es responsable del retraso.

---

[4] *Tabla 5.2.* En esta tabla se presentan los tipos de interés de demora aplicados en el período 2007-2010 para apreciar su evolución más reciente. El tipo de interés aplicable al primer semestre de 2010 se publicó en el BOE el 1 de enero de 2010 mediante la Resolución de 29 de diciembre de la Dirección General del Tesoro y Política Financiera.

La Ley 3/2004 permite también al acreedor reclamar al deudor una indemnización por los costes de cobro debidamente acreditados que haya sufrido a causa de la demora en el pago del deudor (artículo 8 de dicha ley). La acreditación deberá formalizarse mediante facturas o pruebas de pago de las actuaciones realizadas con el objetivo de cobrar la deuda.

El resto de la redacción del artículo 9 de la Ley 3/2004 se dedica a determinar cuando una cláusula es abusiva, y alude a factores como si el deudor tiene alguna razón objetiva para no aplicar el plazo general de pago, los intereses de demora o su exigencia.

Un pacto expreso contrario al plazo de pago de treinta días se considerará sin efecto si se incluye en un «contrato de adhesión» en el que el adherente no tiene ninguna capacidad negociadora. Éste deberá argumentarlo y probarlo para dejarlo sin efecto.

5.10   Entrega contra reembolso

Artículo 42. Entrega contra reembolso.
1. Cuando se haya pactado que la mercancía sólo puede ser entregada al destinatario a cambio de que éste pague una cantidad de dinero, el porteador deberá percibirla en efectivo o por otro medio expresamente autorizado. Si el destinatario no hace efectivo el reembolso, será de aplicación lo dispuesto en el artículo 36 en relación con los impedimentos a la entrega.

En este caso, como indica el artículo 36, el porteador deberá solicitar instrucciones al cargador y quedará a la espera de éstas para su ejecución. Si antes de la recepción de tales instrucciones, el destinatario paga el reembolso, el porteador entregará las mercancías.

2. Recibido el reembolso, el porteador deberá entregar lo cobrado al cargador o a la persona designada por éste en el plazo de diez días, salvo que se haya pactado otro mayor.

Debe entenderse que el reembolso, normalmente relacionado con el valor de la mercancía entregada en destino, es propiedad del cargador o de quien dejara designado. Por tanto, el plazo de diez días debe aplicarse si no se hubiese pactado otro.

Supongamos el caso de una editorial que vende sus libros en un portal en internet y que conviene con sus compradores unas condiciones entre las que se encuentra la entrega a domicilio con pago de los libros contra reembolso. La editorial contrata con una empresa de transporte de paquetería las entregas. En los contratos especifica, para cada envío, el reembolso que se ha de cobrar al comprador como condición para la entrega de los libros. Si en esos contratos no se pacta otro plazo, diez días después de cada entrega, la empresa de paquetería debe abonar los importes correspondientes como reembolso a la editorial.

> *3. El porteador que entregue la mercancía sin cobrar la cantidad pactada responderá frente al cargador hasta el importe del reembolso, sin perjuicio de su derecho de repetir contra el destinatario.*

En las entregas contra reembolso, su cobro al destinatario por parte del porteador es una condición para la entrega de las mercancías. Si el porteador entrega sin recibir el reembolso queda, por tanto, obligado al pago del mismo frente al cargador o persona designada por éste. En el caso anterior, la empresa de paquetería debería abonar el importe del reembolso a la editorial si entregó los libros sin cobrarlo.

> *4. La entrega contra reembolso podrá concertarse tanto cuando sea el destinatario el obligado al pago del precio del transporte como cuando lo sea el cargador.*

Son independientes las exigencias de pago de la mercancía contra reembolso, normalmente relacionado con el precio y valor de la mercancía en la compraventa, respecto de la obligación de pago del servicio de transporte. Por tanto, pueden coincidir en una misma persona o recaer sobre distintas.

Así pues, se puede pactar una entrega contra reembolso en la que, además, el destinatario pagará al porteador el precio del transporte. De hecho, suele ser una fórmula habitual en la venta y transporte de productos que se venden a domicilio: libros, música, productos de venta por catálogo o televisión, etc.

5.11   Extinción de los contratos de transporte continuado

> *Artículo 43. Extinción de los contratos de transporte continuado.*
> *1. Los contratos de transporte continuado que tengan un plazo de duración determinado se extinguirán por el transcurso del mismo, salvo prórroga o renovación. Si no se hubiera determinado plazo se entenderá que han sido pactados por tiempo indefinido.*
> *2. Los contratos pactados por tiempo indefinido se extinguirán mediante la denuncia hecha de buena fe por cualquiera de las partes, que se notificará a la otra por escrito, o por cualquier otro medio que permita acreditar la constancia de su recepción, con un plazo de antelación razonable, que en ningún caso podrá ser inferior a treinta días naturales.*

Se establece así la forma y plazo que, por defecto, se aplicará a la extinción de este tipo de contratos entre cargador y porteador.

Capítulo 6
Depósito y enajenación de las mercancías

6.1 Depósito de las mercancías en los supuestos de impedimentos al transporte o a la entrega

> *Artículo 44. Depósito de las mercancías en los supuestos de impedimentos al transporte o a la entrega.*
>
> *1. En los casos previstos en los artículos 31 y 36 de esta ley, el porteador podrá o bien descargar inmediatamente las mercancías por cuenta de quien tenga derecho sobre las mismas, haciéndose cargo de su custodia, en cuyo caso se mantendrá el régimen de responsabilidad establecido en el capítulo siguiente; o bien entregar las mercancías en depósito a un tercero, supuesto en el que sólo responderá por culpa en la elección del depositario.*
>
> *Podrá asimismo optar por solicitar la constitución del depósito de la mercancía ante el órgano judicial o la Junta Arbitral del Transporte competente. Este depósito surtirá para el porteador los efectos de la entrega, considerándose terminado el transporte.*

Los artículos 31 y 36 de la LCTT recogen los casos de impedimentos al transporte y a la entrega, respectivamente (véanse los comentarios a ambos artículos). En estos casos el porteador puede proceder, en virtud de este artículo, de tres maneras:

1. *Custodiar las mercancías por sí mismo.* En este caso, el porteador sigue manteniendo su responsabilidad sobre las mercancías conforme a lo previsto en el siguiente capítulo. Todos los costes que se generen por esta custodia serán a cargo del cargador o destinatario (quien tenga derecho sobre dicha mercancía).

2. *Encomendar el depósito del envío a un tercero* (operador logístico, almacenista, etc.). El porteador responderá de la elección prudente y juiciosa de dicho depositario. Por tanto, el porteador debe elegir un depositario adecuado que disponga de las instalaciones, medios y solvencia necesarios para cumplir con dicha función. El

porteador no es responsable de los actos de este depositario, el cual responderá según la regulación del contrato de depósito (artículo 303 y siguientes del CC). Es importante que el porteador guarde la prueba de la entrega del envío al depositario (recibo o similar).

3. *Solicitar la constitución de un depósito judicial o arbitral.* Éste depósito surte los efectos de entrega de la mercancía y pone fin al transporte.

> *2. En cualquiera de los casos anteriores, el porteador podrá solicitar ante el órgano judicial o la Junta Arbitral del Transporte competente la enajenación de las mercancías, sin esperar instrucciones del que tiene derecho sobre aquéllas, si así lo justifican su naturaleza perecedera o el estado en que se encuentren o si los gastos de custodia son excesivos en relación con su valor. Cuando no se den tales circunstancias, el porteador sólo podrá solicitar la enajenación de las mercancías si en un plazo razonable no ha recibido de quien tiene el poder de disposición sobre aquéllas instrucciones en otro sentido cuya ejecución resulte proporcionada a las circunstancias del caso.*

Este artículo ofrece una solución a la situación creada tras el depósito constituido en virtud del artículo anterior. Se distinguen dos escenarios en los cuales el porteador puede solicitar al juzgado o a la junta arbitral de transporte (JAT) la venta de las mercancías:

1. El porteador puede solicitar que el juez o la JAT procedan a la venta de las mercancías sin esperar instrucciones del cargador. Se procederá de este modo en los casos en que se justifique la naturaleza perecedera de las mercancías, su mal estado (que empeore con el transcurso del tiempo) o que los costes generados por su custodia sean desproporcionados en relación al valor de la carga.

2. El porteador sólo puede solicitar la venta de las mercancías, siempre que no se den las anteriormente mencionadas circunstancias, si en un plazo razonable no recibe instrucciones de actuación del que tiene derecho sobre éstas (cargador o destinatario). Dichas instrucciones deben ser, además, proporcionadas en cada caso concreto. El plazo razonable deberá ser valorado por el juez o la JAT.

En los sitios web de la mayoría de las JAT se pueden descargar los formularios que se han de cumplimentar para solicitar el depósito o la venta de las mercancías.

Éstos son casos poco usuales en la práctica. Mediante los sistemas de comunicación existentes y las posibilidades de acceso a plataformas logísticas de todo tipo, el cargador tiene muy diversas opciones para instruir al porteador sobre la forma de actuar.

> *3. En el caso del transporte de paquetería o similar en que no se haya realizado declaración de valor, el porteador que haya optado por descargar la mercancía podrá entender abandonado el correspondiente envío si, transcurridos tres meses desde la fecha en que por primera vez intentó su entrega al destinatario, no ha recibido de quien tuviera el poder de disposición sobre aquél instrucciones al respecto.*
>
> *En este caso, el porteador podrá ocuparlo y proceder a la enajenación de la mercancía, aplicando el producto de la venta a cubrir el precio y los gastos del transporte y los gastos de almacenaje que se hubieran generado hasta ese momento. En caso de que el valor venal de la mercancía fuera ínfimo, el porteador podrá destruirla y reclamar contra el cargador el importe total de lo debido por razón del transporte y del almacenaje.*
>
> *Para todo lo anterior, el porteador podrá abrir e inspeccionar los bultos cuyo transporte se le hubiera encomendado. El abandono del envío por parte de quien tuviera el poder de disposición sobre el mismo, no perjudicará al porteador quien, tanto en el caso de ocupación y enajenación como en el de destrucción del envío, quedará libre de cualquier reclamación formulada por terceros que sostengan algún derecho sobre la mercancía.*

En los casos de transporte de paquetería descritos, cuando se entienda por abandonado el envío, el porteador podrá «ocuparlo» y venderlo. El dinero obtenido de la venta se destinará a compensar el precio del transporte y los gastos de almacenaje en los que el envío haya incurrido.

Si el valor venal, es decir, el que se obtendría de esa venta, fuese irrisorio, el porteador podría directamente destruir el envío y reclamar los portes y otros gastos generados al cargador.

Al porteador se le garantiza la posibilidad de abrir, inspeccionar y revisar los bultos que componen el envío de paquetería. Estas operaciones son necesarias para determinar el estado de la mercancía, si es posible su venta, etc.

Finalmente, se garantiza al porteador su exoneración ante cualquier reclamación por parte del cargador o destinatario por ocupación, venta o destrucción del envío.

> *4. En todos los supuestos contemplados en este artículo las mercancías quedan afectas a las obligaciones y gastos resultantes de estas operaciones y del contrato de transporte.*

Los gastos propios que se generen en estas operaciones se añadirán a los portes que tenga pendientes de pago el cargador por ese envío.

6.2   Aplicación del resultado de la venta

> *Artículo 45. Aplicación del resultado de la venta.*
> *El producto de la venta de las mercancías enajenadas en las condiciones indicadas en los artículos 32, 40 y 44 deberá ser puesto a disposición del que tiene derecho sobre ellas, una vez descontados los gastos causados y las obligaciones que deriven del contrato de transporte. Si esas cantidades fueran superiores al producto de la venta, el porteador podrá reclamar la diferencia.*

Así pues, el importe obtenido de la venta de las mercancías tiene predeterminado su destino. En primer lugar, se empleará al pago del servicio de transporte de la mercancía y de los gastos en que se haya incurrido con ocasión de su custodia y venta (almacenaje, comisión de venta, etc.).

En la medida en que el importe de la venta sea superior a dicho importe total, el remanente se pondrá a disposición del que tenga derecho sobre la mercancía (cargador). Si por la venta se obtiene un importe inferior, el importe pendiente de compensación seguirá siendo exigible al cargador.

Capítulo 7
Responsabilidad del porteador: imperatividad, supuestos, causas y presunciones de exoneración, indemnizaciones y su limitación. Reservas. Declaraciones de valor y de interés especial en la entrega

7.1 Carácter imperativo

> *Artículo 46. Carácter imperativo.*
> *1. Las disposiciones de este capítulo tienen carácter imperativo.*
> *2. Las cláusulas contractuales que pretendan reducir o aminorar el régimen de responsabilidad del porteador previsto en esta ley serán ineficaces y se tendrán por no puestas.*

Los capítulos V y IX de la LCTT (tratados en los capítulos 7 y 11 de este libro) son los únicos con carácter imperativo. Por tanto, la LCTT no tiene respecto a éstos el carácter de subsidiariedad y supletoriedad generales, sino que son de imposición y aplicación obligatoria. Esta imperatividad actúa en general como una manera de configurar la responsabilidad del porteador que se concreta en unos supuestos, causas y presunciones de exoneración, cuantificación y limitación de las indemnizaciones, forma y plazos de las reservas, etc.

En general el capítulo, uno de los más significativos de la LCTT, encuadra la responsabilidad del porteador entre unos mínimos en cuanto a sus causas, y unos máximos respecto a su indemnización. Algunos aspectos de la responsabilidad pueden modificarse por acuerdo entre las partes, como el límite máximo de indemnización por pérdida mediante una declaración de valor inserta en la carta de porte.

La responsabilidad del porteador ha quedado regulada en la LCTT siguiendo los principios del convenio CMR, y presentando pocas pero importantes diferencias respecto a éste.

7.2   Supuestos de responsabilidad

> *Artículo 47. Supuestos de responsabilidad.*
> *1. El porteador responderá de la pérdida total o parcial de las mercancías, así como de las averías que sufran, desde el momento de su recepción para el transporte hasta el de su entrega en destino. Asimismo, el porteador responderá de los daños derivados del retraso en la ejecución del transporte conforme a lo previsto en esta ley.*
> *A estos efectos, se considerarán también como mercancías los contenedores, bandejas de carga u otros medios similares de agrupación de mercancías utilizados en el transporte cuando hubiesen sido aportados por el cargador.*

Este artículo consagra el principio de responsabilidad del porteador. Como ya hemos comentando anteriormente, la obligación del porteador es una obligación de resultado, es decir, debe conseguir el traslado efectivo del envío en las mismas condiciones en las que lo recibió y su entrega al destinatario. Cualquier pérdida, avería o retraso presupone, de antemano, el incumplimiento de la obligación principal del porteador e incurre por tanto en responsabilidad. Para liberarse de esa presunción de que el porteador es responsable, los artículos 48 y 49 recogen las causas y presunciones de exoneración de su responsabilidad.

El porteador es responsable ante tres circunstancias acaecidas en relación al cumplimiento del contrato de transporte de mercancías:

- *La pérdida* supone la no entrega en destino de las mercancías recogidas en origen por cualquier causa, ya sea accidente, destrucción, etc. Esta pérdida puede ser total, si no se entrega nada, o parcial, en los casos en que sólo se entrega parte del envío.
- *La avería* supone un daño a las mercancías, de manera que, aunque se entregan en destino, éstas presentan un estado diferente a aquél en que el porteador las recibió en origen. Suelen presentar una pérdida de valor, necesidad de reparación, estado defectuoso y, en general, todo lo que se entiende como daño. La avería puede afectar a todo el envío o sólo a una parte de éste.
- *El retraso,* finalmente, supone el incumplimiento del plazo de transporte acordado para su entrega. Es importante tener en cuenta que, en ausencia de un plazo pactado, el plazo de entrega se regula en el artículo 33 de la LCTT de una manera imprecisa, pues se alude al plazo que razonablemente emplearía un porteador diligente en realizar el transporte atendiendo a las circunstancias del caso. A causa de esa imprecisión, es recomendable que los cargadores interesados en que su mercancía se entregue en un plazo determinado lo expresen de manera precisa en la carta de porte.

El artículo especifica que los soportes que haya aportado el cargador, como los palés, contenedores, bandejas, etc., forman parte de las mercancías. Este aspecto tiene dos implicaciones: la primera es que, como veremos, el límite de indemnización por pérdida y avería se calcula en función del peso bruto, y este peso bruto incluye el de los soportes mencionados. La segunda es que en la indemnización que reclame el cargador por la pérdida o avería se incluirá el valor de los soportes que haya aportado.

> *2. A falta de regulación específica, el incumplimiento por el porteador de otras obligaciones derivadas del contrato de transporte se regirá por las normas generales de la responsabilidad contractual.*
>
> *3. El porteador responderá de los actos y omisiones de los auxiliares, dependientes o independientes, a cuyos servicios recurra para el cumplimiento de sus obligaciones.*

Entendemos que, por ejemplo, si el porteador no presenta el vehículo en la fecha y hora acordada, y este incumplimiento genera un perjuicio, la indemnización exigible al porteador se limitará según lo estipulado en este capítulo.

En los casos en que el porteador sea un intermediario (operador de transporte, agencia de transporte, etc.) y haya contratado a otro transportista para realizar el transporte efectivo de las mercancías o, acogiéndose al supuesto de colaboración entre transportistas, encargue a otro el desarrollo efectivo del transporte, siempre responderá ante el cargador en nombre propio (véase el comentario a los artículos 5 y 6).

7.3　Causas de exoneración

> *Artículo 48. Causas de exoneración.*
>
> *1. El porteador no responderá de los hechos mencionados en el artículo anterior si prueba que la pérdida, la avería o el retraso han sido ocasionados por culpa del cargador o del destinatario, por una instrucción de éstos no motivada por una acción negligente del porteador, por vicio propio de las mercancías o por circunstancias que el porteador no pudo evitar y cuyas consecuencias no pudo impedir.*

Las causas de exoneración, es decir liberación del porteador de su responsabilidad, se contemplan y clasifican en la LCTT en dos categorías. La primera engloba las descritas en este artículo 48, y la segunda se describe en el 49. Esta distinción tiene su origen en su diferente tratamiento en el convenio CMR, en el que se basan.

El porteador que trate de alegar que la pérdida, la avería o el retraso se deben a alguna de las causas de exoneración de este artículo 48, debe probar la existencia de dichas causas. Es decir, ha de probar la relación entre ambas, la existencia de la causa y que como consecuencia de ésta se produjo la pérdida, la avería o el retraso.

Diferente tratamiento reciben las causas o los riesgos que provocan la exoneración de responsabilidad del porteador en el artículo 49. En este caso, probada la circunstancia descrita, el porteador queda exonerado presuntamente de responsabilidad y debe ser el cargador el que argumente y pruebe en contra de dicha exoneración.

Volviendo al apartado 1 del artículo 48, el porteador puede exonerarse de responsabilidad ante la pérdida, la avería o el retraso si prueba que son consecuencia o se han producido a causa de las cuatro situaciones que se describen a continuación:

1. Si han sido ocasionados por el cargador o el destinatario. Podemos citar diferentes situaciones que se encuadrarían en esta categoría, por ejemplo, defectos en el embalaje, daños durante la carga o descarga, inexactitud en la descripción del lugar de entrega en la carta de porte que produce un retraso, etc.

2. Si han sido ocasionados por una instrucción de cargador o destinatario no motivada por una acción negligente del porteador. Aquí se recogerían los casos en que el origen del daño a la mercancía está en las instrucciones inadecuadas del cargador o el destinatario, como temperatura inadecuada o estiba incorrecta. En el fondo son ejemplos muy parecidos a los de la primera situación.

   En la redacción de este artículo publicada en el BOE del 12 de noviembre de 2010, se produjo un error al incluir una coma entre las palabras «motivada» y «por», de manera que se leía textualmente que una de las causas de exoneración es «por una acción negligente del porteador». Esta incongruencia se subsanó vía corrección de errores en el BOE de 16 de febrero de 2010, apareciendo la redación correcta que se muestra en este artículo.

3. Si los daños se producen por vicio propio de las mercancías. El vicio propio es un defecto de la propia mercancía que se puede manifestar de diversas maneras, como infección, enfermedad, mal estado inicial, podredumbre, etc.

4. La concurrencia de circunstancias que el porteador no pudo evitar y cuyas circunstancias no pudo impedir. En estos supuestos se englobarían todos los casos de fuerza mayor, como inundaciones, huelgas, terremotos, incendios, cierre patronal, heladas, etc. Ante estas situaciones, su desconocimiento por parte del porteador y su diligencia en aminorar los daños le exonerarían de responsabilidad.

---

2. En ningún caso podrá alegar como causa de exoneración los defectos de los vehículos empleados para el transporte.

Cualquier defecto o mal funcionamiento técnico del vehículo, ya sea por falta de mantenimiento u otra causa, no será nunca considerado como una causa de exoneración de responsabilidad para el porteador.

El porteador es siempre responsable de mantener sus vehículos en perfecto estado de funcionamiento y mantenimiento para el desarrollo de sus actividades.

> *3. Cuando el daño sea debido simultáneamente a una causa que exonera de responsabilidad al porteador y a otra de la que deba responder, sólo responderá en la medida en que esta última haya contribuido a la producción del daño.*

Un daño a las mercancías puede haber sido generado por dos hechos o más, y puede ser que de entre éstos sólo se atribuya responsabilidad al porteador por alguno de ellos. En estos casos, el porteador sólo responderá por las consecuencias del hecho por el que resulte responsable.

Podemos suponer el caso de una mercancía perecedera que llegase con retraso a destino y en mal estado, a consecuencia de una inadecuada temperatura que fue expresada por el expedidor en el almacén de origen en la carta de porte. Pues bien, al porteador se le podrían pedir responsabilidades por las consecuencias del retraso pero no por el daño derivado de la temperatura inadecuada.

En estos casos, es difícil determinar la responsabilidad exacta, su cuantificación y atribución a la parte correspondiente.

7.4 Presunciones de exoneración

> *Artículo 49. Presunciones de exoneración.*
> *1. El porteador quedará exonerado de responsabilidad cuando pruebe que, atendidas las circunstancias del caso concreto, la pérdida o avería han podido resultar verosímilmente de alguno de los siguientes riesgos:*

A diferencia de las causas del artículo 48, aquí el porteador sólo debe probar la existencia de estas situaciones de riesgo. Una vez probada, se presupone que estas situaciones han causado la pérdida o avería, y ahora recae sobre el cargador o el destinatario la carga de la prueba de que no existe la relación de causa efecto entre la existencia de este riesgo y la pérdida o avería producida.

Obviamente estas presunciones de exoneración representan una situación más beneficiosa para el transportista en cuanto a liberarse de responsabilidad.

> *a) Empleo de vehículos abiertos y no entoldados, cuando tal empleo haya sido convenido o acorde con la costumbre.*

No exonera para el caso de pérdida de bultos o de todo el envío. En la orden de carga previa al transporte es donde el cargador debe haber especificado el tipo de vehículo que se solicita. Si éste solicita un vehículo plataforma o de caja abierta, por ejemplo, no podrá exigir daños por mojaduras a causa de lluvia.

En algunos tipos de transporte, como el de automóviles, materiales de construcción, etc., suelen utilizarse este tipo de vehículos.

> *b) Ausencia o deficiencia en el embalaje de mercancías, a causa de las cuales éstas quedan expuestas, por su naturaleza, a pérdidas o daños.*

La correcta preparación de la mercancía para su transporte es responsabilidad del cargador, o en caso de no ser el mismo, del expedidor, es decir aquél que entrega las mercancías al transportista en su lugar de recepción.

La mercancía suele prepararse para su transporte utilizando envases y embalajes de la más variada tipología y adaptados al tipo de mercancía que se va a transportar. Los envíos más comunes se presentan para su transporte en palés (europalés o isopalés) dispuestos para su carga en el vehículo y transporte hasta destino.

En el lugar de entrega al transportista, éste debe reconocer y examinar las mercancías (artículos 25 y 26 de la LCTT) y anotar en la carta de porte las reservas motivadas que observe sobre los defectos en las mercancías, sus envases y embalajes.

Dichas reservas expresadas en la carta de porte en origen exoneran al transportista en los casos en que los daños se deban a estas circunstancias. Constituirán la prueba de la existencia del riesgo b) como presunción de exoneración. Sin embargo, si dichas reservas no se expresan en la carta de porte, se le exigirá la entrega de la mercancía en destino en el estado en la que se describió, y por tanto, en perfecto estado.

Así pues, si el porteador observa en el momento de la carga de palés que algunos de ellos presentan un flejado defectuoso, éste debe anotarlo en la carta de porte antes de firmarla. La anotación debe ser lo más concreta posible y se puede realizar en la casilla al efecto que suele disponer la carta de porte, junto a la descripción de las mercancías, o en cualquier otro lugar de manera que quede clara su expresión y quién la realiza.

Ante esta situación, lo normal es que el responsable del almacén expedidor sustituya la mercancía dañada por otros palés que no presenten defectos, pero si no lo hace, lo único que exonera al porteador en destino de su responsabilidad por los daños que esa situación pueda provocar es la expresión de estas reservas en la carta de porte.

Si ante esa situación el porteador no anota las reservas, la LCTT recoge que se presumirá que las mercancías y su embalaje están en el estado descrito en la carta de porte y con los signos y señales en ella indicados (artículo 14.2), por lo que en destino se le podrán pedir responsabilidades al porteador por los daños que dichos palés, mal preparados para su transporte, hayan podido generar.

De forma análoga a este ejemplo de defecto de embalaje deberán expresarse, en su caso, reservas ante situaciones como un embalaje que no permite la circulación del aire para mercancía que la requiere u otras similares.

> *c) Manipulación, carga, estiba, desestiba o descarga realizadas, respectivamente, por el cargador o por el destinatario, o personas que actúen por cuenta de uno u otro.*

En cada caso el que realiza dichas operaciones será responsable de cualquier daño que se origine como consecuencia de éstas. Si el porteador observa una estiba inadecuada que puede provocar daños, debe expresarlo en la carta de porte.

> *d) Naturaleza de ciertas mercancías expuestas por causas inherentes a la misma a pérdida total o parcial o averías, debidas especialmente a rotura, moho, herrumbre, deterioro interno y espontáneo, merma, derrame, desecación, o acción de la polilla y roedores.*

Existen ciertas mercancías que suelen sufrir estos deterioros: mercancías perecederas y de temperatura controlada, alimentos que caducan en períodos cortos, etc. Se podría decir que dichas mercancías tienen un riesgo intrínseco a su naturaleza. Por tanto, todos los envíos de este tipo de mercancías tienen este riesgo añadido.

Debe ser el porteador quien, ante esta situación de riesgo, pruebe que las mercancías presentan esta naturaleza y que él ha tomado todas las medidas que le incumben como porteador diligente. Por ejemplo que ha mantenido la temperatura requerida para un envío de producto perecedero a temperatura controlada.

> *e) Deficiente identificación o señalización de los bultos.*

Una entrega errónea a causa de que la descripción o identificación de los bultos en la carta de porte no se corresponda con las marcas en los mismos debe atribuirse al cargador expedidor, que es quien los identificó erróneamente y expidió la carta de porte.

El porteador debe haber anotado en la carta de porte unas reservas en este sentido, indicando que la identificación es insuficiente, confusa o inexacta.

> *f) Transporte de animales vivos en las condiciones previstas en el artículo siguiente.*

Como se comentará a continuación, el porteador debe cumplir con la normativa que regula el transporte de animales.

> *2. No obstante, el legitimado para reclamar podrá probar que el daño no fue causado, en todo o en parte, por ninguno de tales riesgos. Cuando resulte probado que el daño fue parcialmente causado por una circunstancia imputable al porteador, éste sólo responderá en la medida en que la misma haya contribuido a la producción del daño.*

Recae sobre el cargador la carga de la prueba de que el daño causado a las mercancías no se debe a una de estas circunstancias o situaciones de riesgos que constituyen las presunciones de exoneración alegadas por el porteador.

En el caso de concurrencia de varias circunstancias generadoras del daño a la mercancía, el porteador será responsable en la medida en que aquella de la que es responsable haya generado daño (véase el comentario práctico al final del artículo 48).

7.5   Transporte de animales vivos

> *Artículo 50. Transporte de animales vivos.*
> *En los transportes de animales vivos el porteador tan sólo podrá invocar a su favor la presunción de exoneración del artículo anterior cuando pruebe que, teniendo en cuenta las circunstancias del transporte, ha adoptado las medidas que normalmente le incumben y ha seguido las instrucciones especiales que le pudieran haber sido impartidas.*

El porteador, para exonerarse de responsabilidad, debe cumplir con la estricta y cambiante normativa para el transporte de animales vivos, que suele implicar la formalización de certificados veterinarios, de limpieza del vehículo, paradas obligatorias, máxima carga en función del animal y de la capacidad de carga del vehículo, etc.

A modo orientativo se indica que la normativa principal que regula estos transportes es la Ley 8/2003 de sanidad animal, el Reglamento CE 1/2005 relativo a la protección de los animales durante el transporte y las operaciones conexas, el Real Decreto 1041/1997 por el que se establecen las normas relativas a la protección de los animales durante su transporte, y el Real Decreto 751/2006 sobre autorización y registro de transportistas y medios de transporte de animales.

7.6   Transporte con vehículos especialmente acondicionados

> *Artículo 51. Transporte con vehículos especialmente acondicionados.*
>
> *Cuando el transporte haya sido contratado para realizarse por medio de vehículos especialmente acondicionados para controlar la temperatura, la humedad del aire u otras condiciones ambientales, el porteador tan sólo podrá invocar en su favor la presunción de que la causa de la pérdida o avería fue la naturaleza de las mercancías cuando pruebe que ha tomado las medidas que le incumbían en relación con la elección, mantenimiento y empleo de las instalaciones del vehículo, y que se ha sometido a las instrucciones especiales que, en su caso, le hayan sido impartidas.*

El porteador quedará exonerado de su responsabilidad por pérdida o avería, y éstas se atribuirán a la naturaleza de la mercancía, sólo si prueba que ha cumplido todas las instrucciones que le impartió el cargador relacionadas con la temperatura, ventilación, forma de trabajo del equipo de frío, etc.

Estos transportes se regulan mediante el Acuerdo sobre Transportes Internacionales de Mercancías Perecederas y sobre vehículos especiales utilizados en estos transportes, ATP,[1] de 1970 de aplicación a nivel nacional e internacional. Este convenio se aplica a los transportes nacionales en virtud del Real Decreto 1202/2005 de 10 de octubre. El ATP se ha actualizado en 2007, mediante la Resolución de 24 de octubre, y expresa que la temperatura máxima de la mayoría de los productos refrigerados será la indicada en la etiqueta y en los documentos de transporte. En este convenio se clasifican los tipos de vehículos y sus requisitos técnicos fijando sólo las temperaturas de transporte de algunos productos.

Los vehículos de este tipo deben cumplir estrictos controles y revisiones. Los vehículos se clasifican en el ATP en isotermos, refrigerantes, frigoríficos y caloríficos, en función de su capacidad y autonomía para producir y mantener la temperatura requerida.

Los vehículos de temperatura controlada para frío pueden funcionar utilizando dos sistemas de trabajo: automático (mantiene la temperatura marcada con una oscilación de entre 1,5 y 2 grados por encima o por debajo) y continuo (mantiene la temperatura marcada de manera exacta sin permitir oscilación). Las mercancías delicadas, como por ejemplo las fresas, requieren el uso del sistema continuo.

---

[1] El Acuerdo ATP para el transporte de mercancías perecederas se puede consultar en el sitio web del Ministerio de Fomento (www.mfom.es), seleccionando en áreas de actividad «Transporte terrestre» y finalmente el apartado «Mercancías peligrosas y perecederas». Su última actualización se produjo mediante la Resolución de 24 de octubre de 2007, de la Secretaría General Técnica, relativa al Acuerdo sobre Transportes Internacionales de Mercancías Perecederas (BOE de 18 de febrero).

Es el cargador el que especifica en la carta de porte la temperatura que se ha de mantener durante el transporte y si se permite o no oscilación. Son muy comunes las expresiones del tipo «mantener la temperatura durante todo el viaje», «mantener entre +4 ºC/+ 6 ºC» o similar en la casilla de instrucciones del cargador/remitente.

Este tipo de vehículos de temperatura controlada disponen de termógrafos que registran la temperatura durante todo el transporte y que pueden aportar información de dónde se ha producido el problema que ha afectado a las mercancías. Los termógrafos son instrumentos de medición para registrar y controlar la temperatura y humedad de la caja del vehículo y de su contenido, la mercancía. Asimismo, están sujetos al cumplimiento de estricta normativa técnica y revisiones periódicas.

Determinadas mercancías, como las perecederas y otras que requieren de unas condiciones de temperatura durante su transporte, suelen reconocerse exhaustivamente en cuanto a la temperatura en el momento de la carga, y se les toma registros de cada uno de los palés. Estas hojas de registro de temperatura son muy habituales y contienen, a modo de croquis, la vista en planta del vehículo y la distribución de los palés en celdas. En éstas se anota la temperatura registrada en el momento de la carga de cada uno. Estos registros pueden usarse como control de calidad, exigencia del cliente o trazabilidad, y acompañan a la carta de porte hasta destino, donde se contrastan las temperaturas de cada palé con las de origen. Así, se puede comprobar que, en principio, no se ha roto la cadena de frío durante el transporte.

Si en la llegada a destino de un transporte de mercancía perecedera se observan daños a éstas que puedan ser atribuidos a variaciones de temperatura anómalas durante el transporte, su registro en el momento de la entrega en destino y su contraste con la de origen pueden clarificar la posible responsabilidad del porteador.

Si el registro del termógrafo prueba que la temperatura y humedad durante todo el transporte ha sido la adecuada, en cumplimiento de las instrucciones del cargador, el porteador queda exonerado de responsabilidad.

Si el registro ofrece temperaturas y condiciones anómalas, contrarias a las indicaciones del cargador, éstas se podrían relacionar con los daños y responsabilizar al porteador.

7.7   Indemnización por pérdidas

Artículo 52. Indemnización por pérdidas.
En caso de pérdida total o parcial de las mercancías, la cuantía de la indemnización vendrá determinada por el valor de las no entregadas, tomando como base el valor que tuvieran en el momento y lugar en que el porteador las recibió para su transporte.

El valor de las mercancías en origen, en el momento de su recepción por el porteador, es la base para determinar la indemnización a exigir a éste. Por tanto, no se incluiría, como después veremos, el precio del transporte hasta destino.

Este criterio supone un cambio respecto a lo que disponía el CC, en cuyo artículo 363 se establecía la indemnización según el valor de las mercancías en destino. Por tanto, respecto a la indemnización por pérdidas, la LCTT es beneficiosa para el porteador, pues el valor de las mercancías en origen es menor al de destino.

> *Artículo 53. Indemnización por averías.*
> *1. En caso de averías, el porteador estará obligado a indemnizar la pérdida de valor que experimenten las mercancías. La indemnización equivaldrá a la diferencia entre el valor de las mercancías en el momento y lugar en que el porteador las recibió para su transporte y el valor que esas mismas mercancías habrían tenido con las averías en idéntico tiempo y lugar.*

En el caso de las averías, consistentes en daño, desperfecto o anomalía ocasionada por el transporte que disminuye el valor de las mercancías, la indemnización se determina por la pérdida de su valor.

Esta pérdida de valor se determina por la diferencia entre el valor que las mercancías tienen en el momento de su entrega al porteador y el que tienen en el mismo tiempo y lugar, pero tras sufrir la avería.

Si, como consecuencia de un siniestro en el transporte, las mercancías sufren una avería por la que pierden la mitad de su valor, ésta cuantía representa la indemnización por avería que el porteador debe pagar.

En el caso de un transporte de vehículos, en el que como consecuencia de un accidente se ha dañado su pintura, el coste de reparación constituye la indemnización exigible al porteador.

Supongamos que, en un transporte de un producto hortícola a temperatura controlada, como consecuencia de una rotura en el equipo de frío del vehículo se daña la mercancía. Ésta deberá destinarse a la industria conservera, en vez de a su venta en fresco, por lo que su valor se reducirá en un 70 %. Ésta será la cuantía de la indemnización exigible.

> *2. Cuando las averías afecten a la totalidad de las mercancías transportadas, la indemnización no podrá exceder de la debida en caso de pérdida total.*

La máxima indemnización la constituye el valor a indemnizar en caso de pérdida total. Así pues, en el caso de que el daño o avería (pérdida de calidad, reparaciones, etc.)

afecte a todo el envío, la indemnización máxima será la que se exigiría ante una pérdida total, es decir, ante la no entrega de la mercancía en destino.

> *3. Cuando las averías ocasionen la depreciación de tan sólo una parte de las mercancías transportadas, la indemnización no podrá exceder de la cantidad que correspondería en caso de pérdida de la parte depreciada.*

Se aplica el comentario del apartado anterior a la parte proporcional de mercancía dañada.

7.8   Supuestos de equiparación a pérdida total

> *Artículo 54. Supuestos de equiparación a pérdida total.*
> *1. El destinatario podrá rehusar hacerse cargo de las mercancías cuando le sea entregada tan sólo una parte de las que componen el envío y pruebe que no puede usarlas sin las no entregadas.*

Por ejemplo, en el caso de una entrega parcial de un envío que consistiera en maquinaria y accesorios para montar en conjunto un sistema de regadío, no tendría sentido la entrega de sólo la mitad de la mercancía. Con esa mitad, el destinatario no podría hacer el uso esperado del envío. Por tanto, ante esta situación, el destinatario podría rehusar la entrega de la mercancía. El porteador deberá, ante el rechazo del destinatario, solicitar instrucciones al cargador.

> *2. Idéntico derecho asistirá al destinatario en los casos de averías, cuando las mismas hagan que las mercancías resulten inútiles para su venta o consumo, atendiendo a la naturaleza y uso corriente de los objetos de que se trate.*

Podemos suponer el caso del transporte de unos cuadros para una exposición que se entregan en destino dañados, con ralladuras y otros desperfectos. Ante esta situación, es imposible su uso para el fin al que estaban destinados. Así pues, el destinatario puede rehusar hacerse cargo de las mercancías.

De igual modo podría rechazar cualquier tipo de mercancía que hubiese sufrido unos daños tales que imposibiliten al destinatario utilizarla para su uso habitual, como comestibles que han resultado no aptos para consumo humano, mobiliario con roturas u ordenadores para la venta con graves roturas observables de manera externa. En estas situaciones queda como potestad del destinatario rechazar o aceptar las mercancías.

> *3. También podrán considerarse perdidas las mercancías cuando hayan transcurrido veinte días desde la fecha convenida para la entrega sin que ésta se haya efectuado; o, a falta de plazo, cuando hubiesen transcurrido treinta días desde que el porteador se hizo cargo de las mercancías.*

Estos plazos tienen el objetivo de no alargar indefinidamente un posible retraso. La LCTT adapta al transporte nacional los plazos estipulados para idénticas situaciones que recoge el artículo 20.1 del convenio CMR. En dicha adaptación se ha optado, debido a la menor duración de los transportes nacionales, por unos plazos más cortos.

Para determinar el plazo en que las mercancías se consideran perdidas por su no entrega, se diferencian dos posibilidades en función de si se fijó o no un plazo de entrega en la carta de porte. Si se fijó, y éste se rebasa en veinte días, las mercancías se pueden considerar perdidas. Si, por el contrario, no se fijó plazo de entrega, se considerarán perdidas una vez transcurran treinta días desde que el porteador recibiera las mercancías para su transporte en origen.

7.9 Valor de las mercancías

> *Artículo 55. Valor de las mercancías.*
> *El valor de las mercancías se determinará atendiendo al precio de mercado o, en su defecto, al valor de mercancías de su misma naturaleza y calidad. En caso de que las mercancías hayan sido vendidas inmediatamente antes del transporte, se presumirá, salvo pacto en contrario, que su valor de mercado es el precio que aparece en la factura de venta, deducidos el precio y los demás costes del transporte que, en su caso, figuren en dicha factura.*

La LCTT es muy concreta y clara en la cuantificación del valor de las mercancías.

Distingue entre dos situaciones en función de si se transporta como consecuencia de una venta previa o no. Y dado que una gran parte de las operaciones de transporte son consecuencia de una compraventa, su precio y su factura parecen ser el criterio más objetivo para valorar la mercancía.

A nuestro juicio, se aporta así mayor seguridad jurídica, se aclara el criterio de valoración y se conecta con la realidad de las operaciones mercantiles. De este modo se atiende al criterio lógico de que la factura de su venta, a consecuencia de la cual se transportan las mercancías, es la mejor prueba de su valor.

La coordinación con el artículo 52, que determina la indemnización por pérdida y avería, supone que de la factura de venta presentada deben deducirse, si figuran, el precio y otros costes de transporte. Así se obtendrá un valor facturado «en origen» que será la base para determinar la indemnización exigible al porteador.

No obstante deberá analizarse la factura presentada de forma que refleje el valor de la mercancía conforme al espíritu de este artículo, y ningún otro concepto o deducción que haga aumentar o disminuir el importe. Éstos pueden surgir de la relación comercial entre vendedor y comprador pero no estar relacionados con la venta de la mercancía transportada que se trata de valorar.

En los casos en que no se produzca venta, se deberá determinar el valor teniendo en cuenta el precio o valor de mercado de mercancías similares.

7.10   Indemnización por retraso

> *Artículo 56. Indemnización por retraso.*
> *En caso de retraso, se indemnizará el perjuicio que se pruebe que ha ocasionado dicho retraso.*

Debe ser la parte que ha sufrido el perjuicio por el retraso en la entrega en destino la que argumente y pruebe el perjuicio económico ocasionado por éste. Si el retraso no ha producido un perjuicio económico, el simple hecho de entregarse fuera del plazo marcado no genera derecho a reclamar indemnización alguna al porteador.

En muchos casos resulta difícil probar y cuantificar el perjuicio económico derivado del retraso, pero es condición indispensable para reclamar indemnización compensatoria. Podemos pensar en el perjuicio que ocasiona la no entrega en plazo de una pieza o suministro en los casos de logística justo a tiempo o similares.

En la actualidad, las técnicas logísticas imponen unos flujos de suministro cada vez más tensos y tratan de reducir costes vía minimización de existencias. Como consecuencia, los perjuicios que ocasionan los retrasos pueden ser cada vez mayores, pues pueden implicar paralizaciones de producción, pérdida de ventas, incumplimiento de suministro, etc. En algunos casos, como la paralización de la producción, se necesitará de un estudio de costes (personal, de maquinaria, etc.) para cuantificar el perjuicio. Además, dicha cuantificación deberá ser admitida en la reclamación y no superar el límite de indemnización del precio del transporte, excepto que se haga una declaración conforme al artículo 61.2 de la LCTT.

En ocasiones, los retrasos provocan penalizaciones por incumplimiento en el contrato de suministro entre vendedor y comprador. Estas penalizaciones suelen fijarse en el correspondiente contrato de compraventa como forma de compensar paralizaciones de la cadena de producción o suministro, perjuicios a terceros, etc. Su aplicación genera posteriores abonos o rectificaciones en la factura. Dichas penalizaciones serían una prueba del perjuicio ocasionado por el retraso en la entrega.

7.11   Límites de la indemnización

> *Artículo 57. Límites de la indemnización.*
> 1. *La indemnización por pérdida o avería no podrá exceder de un tercio del Indicador Público de Renta de Efectos Múltiples/día por cada kilogramo de peso bruto de mercancía perdida o averiada.*

La limitación de la indemnización exigible al porteador es un aspecto fundamental y común en cualquier normativa reguladora del contrato de transporte, independientemente de su ámbito, nacional o internacional, y del modo de envío.

Constituye una garantía de seguridad jurídica para el porteador, pues así conoce la cuantía máxima por la que responde y se responsabiliza ante el cargador, y le permite por otra parte cubrir (si lo desea, pues no es obligatorio) su responsabilidad en el contrato de transporte mediante un contrato de seguro.

Para el cargador supone el techo de indemnización que puede exigir al porteador cuando éste es responsable de los daños que afectan a su mercancía. El cargador debe comparar el valor de la mercancía para la que contrata el transporte con este techo o límite. En caso de no declarar valor de la mercancía, este límite sería lo máximo que podría exigir al porteador.

El límite de indemnización actúa como tal, es decir, no por el hecho de que se pierda 1 kg bruto de mercancía hay que pagar ese límite máximo, sino el valor de esa mercancía hasta, como máximo, el límite de indemnización.

En la actualización de la LOTT de 2003 (Ley 29/2003) se elevó el límite máximo de responsabilidad del porteador, para los casos de pérdida y avería, de 3,61 € a 4,5 €/kg bruto de mercancía. Este límite es el que ha estado vigente hasta la entrada en vigor de la LCTT.

La LCTT tiene como uno de sus principales objetivos equiparar la normativa que regula el transporte por carretera al ordenamiento jurídico europeo.

En el transporte internacional todos los países del entorno español aplican el límite máximo del convenio CMR, es decir, 8,33 derechos especiales de giro (DEG[2]), que equivalen aproximadamente a 9 €/kg bruto. Sin embargo, para los transportes nacionales estos límites varían sustancialmente en cada país, en aplicación de la norma que los regula, siendo menores en general al del convenio CMR. Por ejemplo, Gran Bretaña aplica un límite de 1.300 £/t, que equivale a unos 2 €/kg; Holanda, unos 3,4 €; e Italia 1 €/kg.

---

[2] Unidad monetaria del Fondo Monetario Internacional (FMI) en el que se expresan los límites máximos de indemnización por las responsabilidades en el transporte internacional de mercancías. A principios de 2010, un DEG equivalía a 1,08 €.

El límite máximo de indemnización en casos de pérdida y avería en transporte nacional se fijó en función del IPREM, que ya se ha tratado en el comentario práctico del artículo 22, relativo a las paralizaciones. En concreto, la indemnización no podrá exceder de un tercio del IPREM/día por cada kilogramo de peso bruto de mercancía perdida o averiada.

El IPREM diario se estableció para 2010[3] en 17,75 €, por lo que la indemnización máxima por pérdida o avería por cada kilogramo bruto se fijó en 5,91 € (17,75 €/3). Así pues el límite de responsabilidad aumentó de 4,5 € a 5,91 €, lo que supuso un incremento poco significativo. Cualquier incremento puede afectar las primas de seguro, aunque también se tienen en cuenta otros factores como el historial de siniestralidad, riesgos cubiertos, etc.

Debe tenerse en cuenta que una de las ventajas del uso del IPREM es su actualización anual, que tratará de mantener su valor teniendo en cuenta aspectos económicos como por ejemplo la inflación.

El diferente límite máximo de indemnización para transportes nacionales e internacionales perpetúa un problema tradicional de los transitarios. Estos operadores de transporte y gestión aduanera pueden intervenir exclusivamente en operaciones internacionales y mediar en la contratación de transporte nacional exclusivamente cuando éste es una fase inicial, intermedia o final de una operación internacional.

Pues bien, los transitarios siguen respondiendo por incidencias ante sus clientes con una indemnización máxima, en función de los convenios internacionales, tradicional-

Caso 1 El valor de las mercancías (artículo 55) perdidas o dañadas es menor al límite de la indemnización exigible al porteador (artículo 57.1).	La indemnización asciende al valor de las mercancías según el artículo 55 de la LCTT.
Caso 2 El valor de las mercancías (artículo 55) perdidas o dañadas es mayor al límite de la indemnización exigible al porteador (artículo 57.1).	La indemnización asciende al límite exigible al porteador según el artículo 57.1 de la LCTT.

Tabla 7.1. Determinación de la indemnización por pérdida o avería.[4]

---

[3] Téngase en cuenta que el IPREM se actualiza y publica para cada año en la Ley de Presupuestos del Estado. Este indicador se actualiza para garantizar una estabilidad en su valor en función de la inflación y otros factores. Para más información véase el comentario del artículo 22.

[4] *Tabla 7.1.* Determinación de la indemnización por pérdida o avería. Se presentan las dos situaciones posibles al comparar el valor de la mercancía perdida o dañada con el límite máximo exigible al porteador y la determinación de la indemnización exigible en cada caso.

Casos prácticos de indemnización exigible

Veamos algunos ejemplos prácticos de cuantificación de la indemnización exigible al porteador en diferentes casos de pérdida o avería. En los casos prácticos documentados del final del libro se plantean más ejemplos de cálculo.

Caso práctico 1

Un transporte de 12.342 kg se pierde en su totalidad a causa de una incidencia en el transporte achacable al porteador.

La mercancía tiene un valor según la factura comercial de venta presentada por el cargador de 49.368 € (4 € por kilogramo en origen). En este caso la indemnización que se le puede reclamar al porteador está por debajo del límite máximo que se sitúa en 72.941,2 € (12.342 kg × 5,91 €) y es operativa.

Valor de la mercancía perdida: 49.368 €.

Límite máximo: 72.941,2 € (12.342 kg × 5,91 €).

Indemnización exigible: 49.368 €.

Por tanto la indemnización a reclamar al porteador asciende a 49.368 €.

Caso práctico 2

El mismo transporte de 12.342 kg se pierde en su totalidad a causa de una incidencia en el transporte achacable al porteador. En este caso, la mercancía tiene un valor, según la factura comercial de venta presentada por el cargador, de 111.078 € (9 € por kilogramo en origen). En este caso, la indemnización que se le puede reclamar al porteador viene determinada por el límite máximo, al ser mayor el valor comercial a dicho límite que se sitúa en 72.941,2 € (12.342 kg × 5,91 €).

Valor de la mercancía perdida: 111.078 €.

Límite máximo: 72.941,2 € (12.342 kg × 5,91 €).

Indemnización exigible: 72.941,2 €.

Por tanto, la indemnización por la que responde el porteador asciende a 72.941,2 €.

Caso práctico 3

En un transporte de 33 palés con un peso bruto unitario de cada palé de 478 kg se han dañado, por causa imputable al transportista, 8 palés. A consecuencia, ha sido necesario un reacondicionamiento de éstos (etiquetado, presentación, etc.) para devolverlos a su estado original y proceder a su venta.

Las operaciones necesarias para reparar las averías citadas tienen un coste total de 450 €. El límite máximo de indemnización exigible al transportista esta en función del peso bruto de la mercancía dañada. Así pues, se compara el coste de la reparación con dicho límite.

Coste reparación: 450 €.

Límite máximo: 22.599,8 € (8 palés × 478 kg × 5,91 €).

Indemnización exigible: 450 €.

Por tanto, la indemnización por la que responde el porteador es de 450 €.

mente mayor a la indemnización máxima que podrán recuperar cuando reclamen a los transportistas nacionales a los que hayan recurrido para ejecutar dichos transportes nacionales. En consecuencia, se sigue generando un quebranto económico en su contra, pues deben hacer frente a indemnizaciones mayores a las que ellos pueden reclamar y obtener de sus transportistas nacionales (9 € frente a 5,91 €/kg bruto).

Para la determinación práctica de la indemnización exigible al porteador, se debe comparar, en cada caso de pérdida total, parcial o avería, su valoración económica con la indemnización máxima que marca la LCTT en este artículo 57, y escoger siempre la menor de ambas. Esa será la indemnización exigible.

> *2. La indemnización por los perjuicios derivados de retraso no excederá del precio del transporte.*

En la mayoría de los convenios y tratados nacionales e internacionales que regulan los contratos de transporte en los diferentes medios, se suele especificar esta misma limitación. Aunque con la aplicación de las técnicas logísticas actuales un retraso puede suponer un gran perjuicio económico, debe tenerse en cuenta que el porteador finalmente ha entregado la mercancía, aunque sea fuera de plazo, por lo que la indemnización parece lógico que sea menor a si ha perdido o dañado la mercancía.

Primero debe tenerse en cuenta que, para que haya retraso, debe haber plazo de transporte concreto expresado en la carta de porte o contrato de transporte. En caso contra-

Caso 1 El valor del perjuicio ocasionado por el retraso (artículo 56) es menor al precio del transporte (artículo 57.2).	La indemnización asciende al valor del perjuicio ocasionado por el retraso según el artículo 56 de la LCTT.
Caso 2 El valor del perjuicio ocasionado por el retraso (artículo 56) es mayor al precio del transporte (artículo 57.2).	La indemnización asciende al precio del transporte según el artículo 57.2 de la LCTT.

Tabla 7.2. Determinación de la indemnización por retraso.[5]

---

[5] *Tabla 7.2.* Determinación de la indemnización por retraso. Se presentan las dos situaciones posibles al comparar el valor del perjuicio generado por el retraso en la entrega con el límite máximo exigible al porteador por este hecho y la determinación de la indemnización exigible en cada caso.

Casos prácticos de indemnización por perjuicios a causa de retrasos

Veamos mediante dos casos prácticos la indemnización exigible al porteador por perjuicios ocasionados a causa de un retraso en la entrega.

Caso práctico 1

Un transporte de paquetería de un bulto con libros se entrega 15 días después del plazo acordado por causa imputable al transportista. El cargador, una editorial que distribuye entre otros canales mediante entregas a domicilio, tiene acordados en sus ventas un plazo máximo de entrega de 5 días y una deducción o rebaja del 10 % del precio de venta si la entrega se hace en un plazo mayor.

El cargador reclama por el retraso en la entrega, y prueba mediante la factura y su rectificación o abono, y con la presentación de las condiciones de venta, que la deducción o perjuicio económico que ha tenido que asumir por el retraso asciende a 23 €. El precio del transporte de dicha entrega es de 72 €.

Valoración del perjuicio económico causado por el retraso: 23 €.

Límite máximo (precio del transporte): 72 €.

Indemnización exigible: 23 €.

Por tanto la indemnización por la que responde la empresa de paquetería es de 23 €.

Caso práctico 2

El precio del transporte de unos cuadros para una exposición asciende a 1.200 €. Por causa imputable al porteador, la entrega en destino se realiza 7 días después del plazo estipulado en la carta de porte, documento en que se formaliza el contrato de transporte. Por dicho retraso los cuadros no llegan a tiempo para inaugurar una exposición, por lo que el cargador resulta reclamado por la galería y tiene que pagar como compensación por la no presentación de los cuadros.

Según los términos acordados para la cesión de dichos cuadros, la compensación a pagar por el cargador a la galería asciende a 2.437 €. Tras pagar a la galería, el cargador reclama por el mismo importe al porteador, que argumenta que la indemnización máxima que se le puede exigir por retraso es el precio del transporte.

Valoración del perjuicio económico ocasionado por el retraso: 2.437 €.

Límite máximo (precio del transporte): 1.200 €.

Indemnización exigible: 1.200 €.

Por tanto la indemnización por la que responde el porteador asciende a 1.200 €.

---

rio, ya se comentó lo impreciso de la determinación del plazo de entrega según la redacción del artículo 33.

En segundo lugar debe probarse, por parte del que ha sufrido el perjuicio derivado del retraso, que éste ha existido y cuantificarlo (véase comentario práctico del artículo 56).

En cuanto a la determinación de la indemnización, se debe operar de manera similar a los casos de pérdida o avería, pero comparando ahora el valor del perjuicio económico derivado del retraso con el precio del transporte, y escoger entre ambos el menor. Éste será el valor de la indemnización exigible al porteador.

> *3. En caso de concurrencia de indemnizaciones por varios de estos conceptos, el impor-*
> *te total a satisfacer por el porteador no superará la suma debida en caso de pérdida*
> *total de las mercancías.*

Este límite determina que, en caso de que se exijan, por ejemplo, una indemnización por pérdida total y además otra indemnización por su retraso en la entrega que nunca llegó a destino, el porteador responde como máximo por el límite que se ha de determinar en función de la pérdida total del envío, no pudiendo adicionarse a ésta la indemnización por retraso.

7.12 Reembolso de otros gastos

> *Artículo 58. Reembolso de otros gastos.*
> *1. En caso de pérdida o avería total, además de la indemnización a que haya lugar, se-*
> *rán reintegrados en su totalidad el precio del transporte y los demás gastos devengados*
> *con ocasión del mismo. Si la pérdida o avería es parcial, se reintegrarán a prorrata.*

Si el porteador es responsable de la pérdida total de la mercancía, no tiene sentido que se le pague por su servicio. Ya se ha comentado que la obligación del porteador es una obligación de resultado, es decir, sólo si cumple la entrega de mercancía en destino tal y como la recogió y en el plazo y condiciones acordadas.

La no entrega en destino de la mercancía supone un incumplimiento del servicio de transporte y, como es lógico, no debe pagársele por dicho servicio no realizado. Por tanto, el porteador debe devolver, si lo ha cobrado, el precio del transporte.

En el caso más usual de que para el pago del servicio de transporte se haya pactado aplazamiento, este artículo supone que este pago no se efectuará, y en los casos en que se hubiese pagado el precio transporte supone que el porteador debe devolverlo.

Si se perdió, por ejemplo, la mitad del envío, el porteador sólo tendrá derecho a cobrar la mitad del precio del transporte, además de indemnizar conforme a los apartados anteriores por la pérdida de la mercancía. El mismo tratamiento se aplica en los casos de avería.

> *2. En ambos casos, los gastos de salvamento en que haya incurrido el cargador o destina-*
> *tario se reintegrarán también, siempre que hayan sido razonables y proporcionados.*

Se recoge aquí la posibilidad de que se hubiesen generado cargos para el cargador o destinatario derivados del salvamento (almacenamiento temporal, etc.) de la mercancía que finalmente resultó perdida. Estos gastos podrán ser reclamados al porteador.

> *3. No se resarcirá ningún otro daño o perjuicio.*

Este apartado limita exclusivamente a los casos expresados, es decir, a la indemnización por pérdida o avería, el precio del transporte y los gastos de salvamento, los conceptos por los que se podrá pedir una compensación o resarcimiento al porteador, con los límites y procedimientos establecidos en la LCTT.

No se podrán reclamar, por ejemplo, la pérdida que estime el cargador que supone a la empresa la posible pérdida del cliente por un problema causado por el transporte, o la pérdida de imagen ante el cliente final, u otros daños y perjuicios no contemplados expresamente en la LCTT.

7.13   Recuperación de las mercancías perdidas

> *Artículo 59. Recuperación de las mercancías perdidas.*
> *1. El que haya sido indemnizado por la pérdida de las mercancías podrá pedir por escrito, en el momento de recibir la indemnización, que se le avise inmediatamente en caso de que reaparezcan en el período de un año.*
> *El porteador le extenderá un recibo haciendo constar su petición.*

Supone que el cargador o destinatario, quien haya sido indemnizado, puede pedir expresamente y por escrito al porteador que, si aparecen las mercancías en el plazo de un año, se le comunique.

En los transportes de paquetería o dentro de una operación logística, o cuando intervienen almacenamientos temporales o trasbordos entre vehículos, pueden surgir situaciones en las que se pierde el control de una mercancía. En estos casos, y una vez recibida la reclamación del cargador e indemnizado, puede *a posteriori* aparecer la carga perdida, de manera que se devuelva a su propietario si éste así lo solicitó.

> *2. En el plazo de treinta días desde el aviso, se podrá exigir la entrega de las mercancías reaparecidas, previo pago de las cantidades previstas en la carta de porte, si la hubiere, y la restitución de la indemnización recibida, deducción hecha de los gastos resarcibles, todo ello sin perjuicio del derecho a la indemnización por retraso en la entrega conforme a esta ley.*

Una vez aparecida, en su caso, la mercancía y avisado el indemnizado por su pérdida, éste podrá exigir la entrega de las mercancías. A cambio, deberá pagar la indemnización recibida y el precio del transporte, que recordemos se añade a ésta como cantidad a resarcir al cargador.

El que finalmente haya recibido así las mercancías inicialmente perdidas podrá solicitar la indemnización por el correspondiente retraso en su entrega. Para ello, deberá probarse perjuicio derivado del mismo, cuantificarse y compararse a efectos de limitación con el precio del transporte conforme a los artículos 56 y 57.

> *3. En defecto de petición de aviso o de instrucciones para la entrega o cuando la mercancía reaparezca después de un año contado desde el pago de la indemnización, el porteador dispondrá libremente de la mercancía.*

Transcurrido el plazo de un año desde el pago de la indemnización, o si el que la recibió solicitó aviso sobre su reaparición y ante ésta no las reclama, el porteador dispondrá con libertad de las mercancías.

Como es lógico, una vez el porteador ha pagado la indemnización y cumplidos estos requisitos, éste podrá proceder a su venta para resarcirse de la indemnización y del precio del transporte.

7.14   Reservas

> *Artículo 60. Reservas.*
> *1. El destinatario deberá manifestar por escrito sus reservas al porteador o a sus auxiliares describiendo de forma general la pérdida o avería en el momento de la entrega. En caso de averías y pérdidas no manifiestas, las reservas deberán formularse dentro de los siguientes siete días naturales a la entrega.*
> *Cuando no se formulen reservas se presumirá, salvo prueba en contrario, que las mercancías se entregaron en el estado descrito en la carta de porte.*

Se distingue primero, como suele ser habitual en la normativa reguladora de los contratos de transporte, entre pérdidas y averías «manifiestas» y aquellas que tienen la consideración de «no manifiestas».

Las pérdidas y averías «manifiestas» son aquellas que se pueden observar a simple vista o con un examen externo del envío en el momento de su descarga en destino, como la falta de bultos, defectos externos en los mismos (destrozos, mojaduras, daños en el embalaje, ralladuras, etc.).

En este caso, las reservas deben hacerse en el mismo momento de la entrega, expresándolas de forma clara en la propia carta de porte antes de la firma del destinatario, de manera que se deje constancia en la segunda copia que éste se queda, y en la tercera y, en su caso, en la cuarta, que quedarán en poder del porteador. Ejemplos de reservas de este tipo pueden ser: «faltan 5 palés en la entrega», «mercancía mojada en la entrega», «daños en 4 bultos».

Se presumen entregadas, tal y como se describen en la carta de porte, las mercancías respecto de cuya carta de porte no se formulen reservas.

No son válidas como reservas las leyendas y expresiones del tipo «pendiente de revisión», «a falta de comprobación», «salvo revisión en contra» o similares que incluyen los sellos que se suelen estampar en los almacenes de entrega. Deben «describir de forma general», como dice este artículo, la pérdida o avería que se está manifestando.

Las pérdidas y averías «no manifiestas» son aquellas que no se pueden conocer y observar sin un examen exhaustivo del envío para comprobar el estado de la mercancía, abriendo sus envases y embalajes y asegurándose de su funcionamiento, calidad u otros parámetros según cada mercancía. Por ejemplo, electrodomésticos que una vez abierto su embalaje se comprueba que presentan daños en su estructura, dispositivos o funcionamiento que se presumen causados por el transporte. Ante este tipo de pérdidas o averías, las reservas se deben formular por escrito y remitirse al porteador en el plazo de siete días naturales tras la entrega en destino. Es muy conveniente utilizar una vía de comunicación de la que quede constancia, como un fax con su prueba de recepción, una carta certificada...

En cuanto a los plazos para manifestar las reservas, se producen dos grandes cambios con la LCTT. Por un lado, se alarga el plazo para manifestar reservas ante averías y pérdidas no manifiestas y, por otro, se permite plantear reclamaciones aunque las reservas se manifiesten fuera de estos plazos.

Respecto a la ampliación del plazo para expresar reservas, queda sin efecto la condición 2.27 de las CGC, pues planteaba unos plazos de reclamación menores en consonancia con el artículo 366 del CC. En concreto, los daños visibles debían hacerse en el momento de la entrega, y los no visibles a las 24 horas de la misma.

Se ha optado en la LCTT por unos plazos muy similares a los del convenio CMR. Así pues, para averías y pérdidas no manifiestas se dispone de un plazo de siete días naturales desde la entrega. En el CMR, en este plazo, especificado en el artículo 30.1, se descuentan domingos y festivos por lo que, en la práctica, constituye un plazo aún más largo para manifestar reservas en transportes internacionales.

Obviamente, esta ampliación del plazo para manifestar reservas beneficia al destinatario, que dispone de más tiempo para expresar la reserva o reclamación inicial. Para los transportistas supone un mayor tiempo de exposición a reclamaciones. En su opinión, a veces se les hace responsables de daños que no han ocurrido durante el transporte sino *a posteriori,* y la ampliación del plazo referido no hará sino fomentar esta práctica irregular.

El otro gran cambio que supone la LCTT respecto a los plazos es que, transcurridos éstos, no se cierra de forma definitiva la posibilidad de manifestar reservas y hacer reclamaciones. El CC y las CGC establecían la imposibilidad de admitir reclamación alguna contra el porteador si no se habían formulado las reclamaciones iniciales, equivalentes a las reservas, en los plazos estipulados.

Sin embargo, este artículo 60 sólo indica que se presume la entrega correcta si no se han formulado las reservas en los plazos citados, pero admite la prueba en contrario. Por tanto, se podrán formular reservas y reclamaciones incluso sobrepasados esos plazos. Eso sí, al manifestar reservas y reclamaciones fuera de plazo, deberá ser el destinatario, o parte interesada que la presente, el que pruebe que el daño se produjo a la mercancía durante el período en que el porteador era su responsable. Será difícil probar esa responsabilidad con plazos vencidos, por lo que es muy conveniente reclamar, en su caso, dentro del plazo para que no se constituya la presunción inicial de entrega correcta.

Al efectuar las reservas en los plazos estipulados, se inicia el proceso de reclamación e indemnización posterior. Si el cargador tiene un seguro de daños en el transporte, debe tener muy en cuenta estos plazos a efectos de cobrar la indemnización. En estas pólizas, se suele establecer como condición para cobrar la indemnización el haber efectuado la reclamación al porteador en el plazo correspondiente, de forma que la aseguradora pueda, *a posteriori* y en acción de recobro, reclamar y cobrar del porteador.

> *2. La reserva no será necesaria cuando el porteador y el destinatario hayan examinado la mercancía conjuntamente y estuvieran de acuerdo sobre su estado y las causas que lo motivan.*
>
> *A falta de acuerdo, podrán proceder al reconocimiento de las mercancías conforme a lo dispuesto en el artículo 26.3.*

Esta posibilidad de acuerdo sobre el estado de las mercancías hace innecesaria la formalización de las reservas. En caso de desacuerdo entre las partes, se puede recurrir, de acuerdo con el artículo citado, a un notario o solicitar la intervención de la JAT[6] competente. Las JAT tienen encomendadas, entre otras, la función de desarrollar peritaciones sobre el estado de las mercancías como paso previo al posible planteamiento de reclamaciones. No es una solución muy usada en la práctica.

> *3. El retraso tan sólo dará lugar a indemnización cuando se hayan dirigido reservas escritas al porteador en el plazo de veintiún días desde el siguiente al de la entrega de las mercancías al destinatario.*

---

[6] El capítulo 13 de este libro trata de las juntas arbitrales de transporte y analiza su regulación, funciones y procedimiento de actuación.

Causa de la reserva:	Plazo para manifestación:
1. Pérdida o avería manifiesta.	Momento de la entrega.
2. Pérdida o avería no manifiesta.	Dentro de los siguientes 7 días naturales a la entrega.
3. Retraso.	En el plazo de 21 días desde el siguiente al de la entrega en destino.

Tabla 7.3. Plazos para manifestar reservas (artículo 60).[7]

En el caso de las reservas por retraso se adopta el mismo plazo estipulado en el convenio CMR de veintiún días desde la entrega del envío al destinatario.

Este mayor plazo se basa en la necesidad de conocer los efectos y perjuicios económicos que el retraso haya podido ocasionar, y que pueden no ser tan fáciles de determinar como en el caso de pérdida de una mercancía vendida para la que se puede recurrir para su valoración a su precio de venta según factura.

Piénsese, por ejemplo, en el caso del transporte de una pieza necesaria para el funcionamiento de una línea de producción. La cuantificación del perjuicio que ocasiona su retraso puede requerir de un estudio de costes producidos a la empresa y relacionados con paralizaciones, penalizaciones por falta de suministro, efectos a otras líneas de producción, etc. En el comentario del apartado 57.2 se presentan ejemplos de comparaciones entre perjuicios económicos derivados de retraso en la entrega y el límite indemnizatorio marcado por el precio del transporte.

> *4. Las reservas por pérdidas, averías o retraso que deban dirigirse al porteador, podrán realizarse tanto ante éste como ante el porteador efectivo y surtirán efecto frente a ambos. Si las reservas se dirigen exclusivamente a uno de los porteadores, éste estará obligado a comunicárselo al otro. En caso contrario, aquél responderá frente a éste de los daños y perjuicios que le cause tal falta de comunicación.*

Es práctica habitual en el mercado del transporte por carretera la intermediación de agencias y operadores e, incluso, la intermediación y venta de un servicio de transporte entre porteadores basado en el supuesto de colaboración entre transportistas.

---

[7] *Tabla 7.3.* Plazos para manifestar reservas. Esta tabla presenta los distintos plazos que fija la LCTT en su artículo 60 para manifestar las reservas al porteador ante distintas causas, como pérdida parcial o avería según sean manifiestas o no y ante retraso en la entrega.

En este caso, la LCTT beneficia al cargador o destinatario que reclama en la medida en que puede desconocer la intermediación o tener dificultades para formular las reservas al porteador o porteador efectivo que, en muchos casos, se identifican en las cartas de porte simplemente con la matrícula del semirremolque y su firma.

Por tanto, las reservas se pueden dirigir a cualquiera de ellos, porteador o porteador efectivo, y son éstos los que deben comunicarse entre ellos dichas reservas. La LCTT también deja claro que, si una vez recibida la reserva por uno de los porteadores, éste no la comunica al otro, el primero responderá por los daños y perjuicios resultantes de la no comunicación.

Si un porteador que ha intermediado en una operación recibe unas reservas y no las comunica al porteador efectivo, y éste pierde el derecho a solicitar por ejemplo peritaciones contradictorias, el porteador efectivo podrá exigir responsabilidad al porteador que intermedió y que no le comunicó las reservas, pues le ha impedido ejercer su derecho.

De igual modo, si un operador de transporte ha intermediado y un porteador efectivo ha realizado el servicio se puede dar el caso de que a éste último, en destino, se le manifiesten las reservas por falta de bultos. Esa reserva que el destinatario habrá manifestado en la propia carta de porte queda reflejada en los ejemplares 2, 3 y siguientes de la misma. El porteador efectivo debe, en este caso, comunicar al porteador (operador de transporte) las reservas expresadas por el destinatario en la medida en que a los dos afectan, de este modo el destinatario no tendrá que comunicarlas de nuevo al operador intermediario.

7.15   Declaración de valor y de interés especial en la entrega

> *Artículo 61. Declaración de valor y de interés especial en la entrega.*

Este artículo, aunque poco utilizado, es de enorme trascendencia práctica y recoge que, aunque existen unos límites generales para las indemnizaciones a exigir al porteador en caso de pérdida, avería o retraso, éstos pueden alterarse por voluntad de las partes. Se retoma pues el principio de la libertad contractual entre las partes como principio general de toda la LCTT.

> *1. El cargador puede declarar en la carta de porte, contra el pago de un suplemento del precio del transporte a convenir con el porteador, el valor de las mercancías, que sustituirá al límite de indemnización previsto siempre que sea superior a él.*

Esta posibilidad de pacto de un límite mayor cubriría los casos en que el valor de la mercancía está por encima del límite general de 5,91 €/kg bruto de mercancía perdida o dañada. Si existe acuerdo entre los partes y se declara el valor de las mercancías en la carta de porte, este valor sustituye al límite general de 5,91 €.

Así pues, un cargador cuya mercancía tiene un valor facturado mayor al límite de indemnización por pérdida y avería (5,91 €/kg), puede declarar el valor de sus envíos en la carta de porte. En ese caso, el valor expresado sustituye al límite de indemnización estipulado en la LCTT y, en caso de pérdida o avería, la indemnización exigible al porteador será como máximo la del valor declarado.

Es pues una posibilidad abierta al acuerdo entre cargador y porteador que puede cubrir muchas de estas situaciones y, aunque es distinta, no es incompatible con la posibilidad de contratación de un seguro de transporte con una compañía aseguradora que alcance una cobertura en función del valor de la mercancía.

Respecto a la cuantía del suplemento en el precio que se ha de convenir con el porteador, ésta no tiene porque estar directamente relacionada con la sobreprima que, en su caso, la compañía aseguradora del porteador le indique por la cobertura de un riesgo mayor para dicha operación, aunque tendría sentido relacionar ambas magnitudes. Sin embargo, el porteador puede no tener contratado ningún seguro o no ampliarlo para esta operación. Sea como sea que se calcule ese suplemento, se basa en el principio de que es normal que un porteador cobre un precio mayor por el transporte de una mercancía más valiosa y sobre la que asume mayores riesgos y responsabilidades.

En cuanto a la formalización y expresión del valor de las mercancías en la carta de porte, aunque no existen unas reglas fijas, éstas deben ser claras y no dejar lugar a dudas. En los modelos de formularios de cartas de porte más utilizados en el mercado suele establecerse una casilla de «estipulaciones particulares» o «condiciones del transporte» en la que las partes pueden expresar condiciones a aplicar, y donde se debería expresar, en este caso, la valoración de las mercancías.

Una referencia que no generaría dudas sería, por ejemplo, «las mercancías quedan valoradas a efectos del artículo 61.1 de la Ley 15/2009 del contrato de transporte terrestre de mercancías en 157.322 €». Se podría hacer una expresión similar valorando cada kilogramo bruto o cada unidad o bulto transportado.

Otro aspecto importante para el porteador es que se deben incluir en los manuales del conductor instrucciones expresas de revisar con mucha atención todas las indicaciones de la carta de porte y, en caso de observar cualquier valoración de mercancía o cuantía que pueda indicar un compromiso del porteador, comunicarlo a su empresa de inmediato y solicitar instrucciones.

La inclusión de la valoración de la mercancía en la carta de porte y la firma del conductor implican la aceptación por parte del porteador de las condiciones del transporte expresadas en la misma y, por tanto, también la aceptación del aumento de responsabilidad del porteador.

En caso de firma y aceptación de esta valoración, si no se ha compensado el aumento del riesgo del porteador, o cubierto con un seguro el aumento de responsabilidad para esa operación, se genera una situación de riesgo. Ante un siniestro, el porteador se puede encontrar con que el seguro que tiene contratado con su compañía aseguradora recoge unos límites de indemnización en función de la LCTT. Éstos son inferiores a la declaración de valor de las mercancías y, por tanto, se encontrará ante una reclamación de indemnización, totalmente ajustada a ley, mucho mayor a la que puede hacer frente con su seguro, lo que puede suponer un perjuicio económico importante para el porteador, que tendrá que pagar la parte de la indemnización no cubierta.

> *2. Igualmente el cargador puede declarar en la carta de porte, contra el pago de un suplemento del precio del transporte a convenir con el porteador, el montante de un interés especial en la entrega de las mercancías, para los casos de pérdida, avería o retraso en la entrega. La declaración permitirá reclamar, con independencia de la indemnización ordinaria, el resarcimiento de los perjuicios que pruebe el titular de las mercancías hasta el importe del interés especial declarado.*

Esta declaración puede ser adecuada en el caso en que la no entrega en destino de la mercancía, ya sea por pérdida, avería o retraso (entrega fuera de plazo pactado), vaya a suponer un perjuicio económico, distinto al valor de la mercancía, que se pueda conocer de antemano y que se quiera compensar. Estos perjuicios están relacionados con el beneficio que se podría perder por no efectuar la operación, la pérdida de clientes, las indemnizaciones a pagar en caso de no entregar en destino o cualquier otro perjuicio que se pueda ocasionar si no se cumple el contrato de transporte.

Supongamos, por ejemplo, que se contrata el transporte de unas esculturas para su exposición. El cargador y dueño de las obras ha firmado un contrato de cesión de las mismas ante cuyo incumplimiento deberá pagar una determinada cantidad como perjuicio económico a la galería de arte que expondrá las obras. En este caso, dicha cantidad puede declararse como «interés especial en la entrega» en la carta de porte.

Si en este caso se pierden las esculturas por causa imputable al porteador, el cargador le podrá reclamar una indemnización por dicha pérdida, pero además, otra indemnización de como máximo el interés declarado en concepto de perjuicio económico por no entregarlas en destino.

Otros casos de este tipo pueden ser el perjuicio derivado de la paralización de un proceso productivo por no entregar un repuesto, no entregar el material deportivo para una competición, el lucro cesante por la pérdida de una venta o un cliente por no entregar el material para una feria, y otros ejemplos similares.

Igual que en el caso anterior, se debe acordar con el porteador la compensación por el aumento de responsabilidad pactado.

Una expresión correcta de dicha declaración es, a modo de ejemplo, «el cargador declara un interés especial en la entrega de 220.000 € para los casos de pérdida, avería o retraso, conforme al artículo 61.2 de la Ley 15/2009 del contrato de transporte terrestre de mercancías».

Se debe expresar igualmente en la carta de porte, en las casillas dedicadas a estipulaciones o condiciones del transporte.

Esta declaración supone una mayor responsabilidad y riesgo para el porteador que, como expresa el artículo, debe compensarse económicamente por el cargador. Se pueden aplicar a este caso las precauciones a tomar por el porteador planteadas en el apartado anterior.

> *3. Sin perjuicio de lo dispuesto en los apartados anteriores, las partes del contrato de transporte podrán acordar el aumento del límite de indemnización previsto en el artículo 57.1. El acuerdo dará derecho al porteador a reclamar un suplemento del porte, a convenir entre las partes.*

Este caso supone igualmente un acuerdo voluntario de aumento de la responsabilidad del porteador pero para el que no se declara una cantidad determinada para un envío en su carta de porte, sino un aumento del límite máximo por kilogramo bruto por encima de los 5,91 €/kg. Por ejemplo, acordar que el límite de indemnización se sitúa en 10 €/kg bruto.

Este acuerdo puede tener efectos sólo para un envío, cuando así se fija en la carta de porte del mismo, o fijarse en un contrato de transporte continuado y, por tanto, tener efecto general y permanente en el tiempo.

Esta forma de pacto es habitual en algunos modos de contratación. Existen empresas de transporte que, unilateralmente y como estrategia comercial, asumen unos límites de indemnización por peso ante pérdidas y averías mayores a los que marca la normativa, por ejemplo 18 €/kg bruto faltante o dañado. Suelen reflejarlo en las condiciones generales de contratación que ofrecen a sus clientes.

7.16   Pérdida del beneficio de limitación

> *Artículo 62. Pérdida del beneficio de limitación.*
> *No se aplicarán las normas del presente capítulo que excluyan o limiten la responsabilidad del porteador o que inviertan la carga de la prueba, cuando el daño o perjuicio haya sido causado por él o por sus auxiliares, dependientes o independientes, con actuación dolosa o con una infracción consciente y voluntaria del deber jurídico asumido que produzca daños que, sin ser directamente queridos, sean consecuencia necesaria de la acción.*

El dolo se entiende, en los actos jurídicos, como «voluntad maliciosa de engañar a alguien o de incumplir una obligación contraída». Constituye, por tanto, una voluntad concreta de dañar, es decir, lo que se conoce como «actuar de mala fe». Esta primera parte del artículo recurre a una fórmula ya tradicional y conocida. Así pues, si existe esa mala fe, voluntad de dañar o dolo, el porteador pierde el beneficio que supone la limitación de la indemnización exigible.

Es ilógico que un porteador actúe con dolo, pues se estaría generando un problema sin ningún beneficio, pero es un concepto que queda patente y que deberá probarse por quien corresponda y le interese.

De hecho, en no pocas ocasiones, el cargador o la aseguradora que le ha indemnizado argumenta dolo del porteador ante los tribunales y las JAT en los casos en que se juzga la responsabilidad del porteador ante el robo[8] de una mercancía. Los tribunales atienden a veces estas pretensiones cuando se demuestra que el conductor dejó el vehículo con la carga en una situación en la que se permitió, o al menos no se evitó lo suficiente, el robo por falta de diligencia en la custodia y vigilancia del vehículo. Como consecuencia, no se aplica la limitación de responsabilidad y el porteador se ve obligado a pagar como indemnización el valor total de la mercancía.

Sin embargo, la segunda parte del artículo o segunda causa de pérdida del beneficio de limitación es una novedad que alude a los casos en que se infringe una obligación contraída, aunque en dicho incumplimiento no se tiene porqué haber perseguido directamente el daño. Ante estos otros casos el porteador perderá también el beneficio de la limitación.

La redacción de esta segunda y nueva causa en el artículo es, a nuestro juicio, de las menos acertadas de la LCTT, pues aporta unas dosis de subjetividad que sólo ofrece inseguridad a las partes. Habrá que ver cómo se interpreta este artículo por parte de jueces y juntas arbitrales para, a partir de la futura jurisprudencia, entender mejor su alcance.

En los casos de actuación dolosa o con la infracción referida se provocan tres efectos altamente perjudiciales para el porteador. En primer lugar, se pierde el beneficio de la limitación de responsabilidad. En segundo lugar, no será de aplicación el artículo 49 (presunciones de exoneración), en el sentido de que el porteador no gozará de presunción sino que deberá probarla. Por último, y en relación al artículo 79 que trata sobre los plazos generales para la prescripción de las acciones, en estos casos el plazo de prescripción será de dos años.

---

[8] El robo de mercancía es un hecho que según las circunstancias en que se produce puede encajarse en el régimen de responsabilidad del porteador de distinta manera, desde una causa de exoneración por fuerza mayor (robo a mano armada y en cuadrilla que, además suele estar cubierto en las pólizas de seguro), hasta un agravante en el sentido de que se ha producido por falta de custodia y vigilancia del porteador, constituyendo negligencia equiparable a dolo y suponiendo la pérdida del beneficio de la limitación de responsabilidad del porteador.

7.17   Aplicación del régimen de responsabilidad a las diversas acciones

Artículo 63. Aplicación del régimen de responsabilidad a las diversas acciones.
El régimen de responsabilidad previsto en este capítulo será aplicable a toda acción que persiga una indemnización por daños y perjuicios derivados del transporte, con independencia de cuál sea el procedimiento a través del que se ejercite o su fundamento contractual o extracontractual, tanto si se hace valer frente al porteador como si se dirige contra sus auxiliares.

Este artículo amplía expresamente su aplicación a cualquier indemnización por daños y perjuicios derivados del transporte que se pueda ejercer de una parte contra la otra, tanto si se reclama ante una JAT o en un juzgado, ya sea contra el porteador o contra aquéllos a los que se hubiese recurrido para realizar el transporte por el que se reclama la indemnización.

Este artículo extiende el límite de responsabilidad a, por ejemplo, el perjuicio que se haya podido ocasionar a un cargador por no presentar el vehículo por parte del porteador en el plazo estipulado para ello, que recoge el artículo 18.2 de la LCTT.

Una reclamación extracontractual es la formulada por un tercero ajeno al contrato de transporte pero que, sin embargo, se ha visto afectado por él. Por ejemplo, el envío de otra operación de transporte que se daña en los muelles de carga por una manipulación del porteador. Pues bien, estas reclamaciones están sujetas a los límites vistos en este capítulo.

Capítulo 8
Porteadores sucesivos

8.1   Contrato con porteadores sucesivos

La regulación de los porteadores sucesivos es muy similar a la que dispone el convenio CMR en los artículos 34 y siguientes.

Esta posibilidad de obligación simultánea no es muy usual en los servicios de transporte de ámbito nacional, sin embargo, se puede presentar ante situaciones como porteadores que desarrollan distintas rutas que conectadas conforman la deseada, empresas transportistas colaboradoras, etc.

El artículo no especifica que sean necesariamente porteadores sucesivos por carretera, cosa que sí hace el convenio CMR, por lo que surge la duda de si se está incluyendo o no la posibilidad de transporte sucesivo y multimodal simultáneamente. Nosotros entendemos que no es así por el tratamiento específico que la LCTT ofrece a los transportes multimodales en el siguiente capítulo.

Por tanto, un ejemplo típico sería un envío que se transporta en un semirremolque que va a ser «tironeado» por cabezas tractoras de distintos porteadores en tramos consecutivos. El contrato que cubra esta operación ha de ser único, obligar simultáneamente a los porteadores y documentarse en una sola carta de porte.

La principal particularidad de la regulación de responsabilidad de los porteadores sucesivos es que todos ellos responden de la totalidad del transporte, no sólo de la fase que efectivamente ha realizado cada uno, según las indicaciones de la carta de porte (descripción y estado de las mercancías, plazo, precio, etc.). Por tanto, se instaura el principio de responsabilidad solidaria entre los porteadores respecto del cargador.

> *2. El segundo y los subsiguientes porteadores quedarán obligados en tales términos a partir del momento en que el porteador precedente les haga entrega material de las mercancías y de la carta de porte, en la que deberá haberse hecho constar su nombre y domicilio, y hayan entregado a aquél un recibo firmado y fechado en el que conste su aceptación de ambas.*

El momento en el que nace la responsabilidad de cada porteador sucesivo coincide con aquél en el que efectivamente se le entregan las mercancías y la carta de porte.

Es necesario hacer constar en la carta de porte los datos del porteador que recibe las mercancías, el cual entregará al porteador precedente un recibo que prueba la recepción de las mercancías y la carta de porte.

El recibo debe ir firmado por el porteador que recibe las mercancías e incluir la fecha de entrega.

> *3. Cuando el porteador que reciba las mercancías de otro precedente considere necesario formular alguna reserva, deberá hacerla constar en el segundo ejemplar de la carta de porte, así como en el recibo en que conste su aceptación.*

La revisión de las mercancías por parte del porteador sucesivo que las recibe en una etapa intermedia es tan importante como la que realiza el primer porteador en origen al recoger las mercancías del expedidor. Por tanto, respecto a las reservas, son de aplicación todas las indicaciones comentadas en el artículo 25 (reconocimiento externo).

Tras dicha revisión, si se detecta cualquier discrepancia entre la descripción de las mercancías en la carta de porte y el estado en que se entregan, como falta de bultos o cualquier deterioro de éstas (mojadas, dañadas, etc.), el porteador que las recibe debe hacerlo constar tanto en el segundo ejemplar de la carta de porte como en el recibo que entrega al porteador precedente.

En caso contrario, las mercancías le serán exigidas en destino, o en la posterior entrega al siguiente porteador, tal y como se describen en la carta de porte.

Igualmente puede hacer constar una reserva respecto al plazo del transporte y la fecha y hora en que se le entregan las mercancías. Así, si el retraso se ha generado en una fase anterior a la que realiza el porteador que recibe las mercancías, la expresión de dicho retraso en la carta de porte le exoneraría de responsabilidad por el perjuicio que se pueda ocasionar.

Supongamos el caso de un transporte sucesivo que se ha pactado realizar en dos tramos y por dos porteadores distintos. El primero hace un tramo hasta un punto intermedio y entrega la carga y el semirremolque al segundo porteador, que hará el segundo tramo. Antes del intercambio, el primer porteador estaciona el semirremolque y le sustraen varios bultos. Al recibir la mercancía el segundo porteador, éste detecta durante su examen la falta parcial de bultos y la anota en la carta de porte y en el recibo. En este caso, cuando el destinatario reclame la mercancía que falta, el segundo porteador podrá exonerarse de responsabilidad, que recaerá sobre el primero.

8.2   Ejercicio de reclamaciones

> *Artículo 65. Ejercicio de reclamaciones.*
>
> *1. En el supuesto del artículo anterior, las acciones derivadas del contrato únicamente podrán dirigirse contra el primer porteador, contra el último o contra el que haya ejecutado la parte del transporte en cuyo curso se ha producido el hecho en que se fundamenta la acción. Este derecho de opción se extinguirá desde el momento en que el demandante ejercite su acción contra uno de ellos. La acción puede interponerse contra varios porteadores a la vez.*

En los transportes sucesivos, cuando deba efectuarse una reclamación, ésta se dirigirá contra el primero, es decir, contra quien recibió el envío del expedidor en origen, contra el último (el que entregó en destino) o, si se conoce el responsable del daño por el que se reclama, contra dicho porteador responsable.

Se puede reclamar contra uno de éstos, dos, o los tres a la vez, pero siempre simultáneamente. Una vez se haya reclamado contra uno, ya no se podrá reclamar contra otro.

8.3   Acción de repetición entre porteadores sucesivos

> *Artículo 66. Acción de repetición entre porteadores sucesivos.*
>
> *1. El porteador que se haya visto obligado a pagar una indemnización en virtud de lo dispuesto en los artículos 64 y 65 tiene derecho a repetir por el principal, intereses y gastos contra el resto de los porteadores que hayan participado en la ejecución del contrato, imputándose el coste de la indemnización conforme a las siguientes reglas:*
> *a) Cuando el hecho causante del daño sea imputable a un único porteador, éste habrá de soportar el coste total de la indemnización.*

Si, por ejemplo, intervinieron el porteador 1 y después el porteador 2, y este último fue el causante del daño pero se reclamó contra el porteador 1, éste puede, después de pagar al cargador la indemnización a que viene obligado como responsable solidario, repetir contra el porteador 2, verdadero responsable real de la reclamación.

A éste le reclamará la indemnización pagada al reclamante junto a los intereses desde su pago, y los gastos que se hayan generado en el proceso (costas judiciales, gastos periciales, etc.).

> *b) Cuando el hecho causante del daño sea imputable a varios porteadores, cada uno de ellos deberá soportar una parte del coste de la indemnización proporcional a su cuota de responsabilidad; si no cabe valorar dicha responsabilidad, el coste se repartirá en proporción al precio que a cada uno corresponda por el transporte.*

En los casos en que varios porteadores son responsables, suele resultar difícil determinar la cuota de responsabilidad de cada uno de ellos, a menos que haya un pacto previo sobre ésta o se determine vía judicial o arbitral. Lo más habitual es que no se pueda determinar dicha cuota de responsabilidad, por lo que se atiende entonces al criterio de repartirla según la parte proporcional del precio del transporte que a cada uno de los responsables correspondía.

> *c) Si no se puede determinar quiénes son los porteadores responsables, el coste de la indemnización se repartirá entre todos los que hayan intervenido en el transporte de forma proporcional al precio que corresponda por éste.*

En este caso, la indemnización se dividiría en tantas partes como porteadores, cada una de ellas asumida por cada porteador en igual porcentaje en que se reparta el cobro del precio del transporte.

> *d) Si uno de los porteadores obligado a asumir total o parcialmente el coste de la indemnización es insolvente, la parte que le corresponda y que no haya sido pagada se repartirá entre los demás obligados en proporción a su participación en el precio del transporte.*

De esta forma se garantiza el cobro de la indemnización por el que tiene derecho a ésta, incluso ante insolvencia de alguno de los porteadores.

> *2. El porteador contra el que se ejercite el derecho de repetición no podrá formular protesta o promover discusión por el hecho de que el porteador contra el que se presentó la reclamación haya pagado la indemnización cuando ésta hubiera sido fijada por decisión judicial o arbitral y se le hubiere informado debidamente del proceso y de su derecho a intervenir en el mismo.*

El porteador contra el que se interpone la reclamación original es el que está obligado a informar a los otros porteadores sucesivos sobre ella (artículo 60.4). Al haber sido informado del proceso, se garantiza el derecho del portador contra el que se repite.

Capítulo 9
Transporte multimodal

9.1 Definición

Debe existir un acuerdo previo entre cargador y porteador en la utilización de diferentes medios de transporte para la ejecución de un servicio.

La multimodalidad hace referencia a la posibilidad de combinar diferentes medios de transporte para trasladar la carga de un lugar a otro. En unos casos viene impuesta por las condiciones geográficas (tráficos con islas), y en otros, surge como respuesta a la necesidad de racionalizar la utilización de los medios de transporte combinándolos según sus características (rapidez, consumo de combustible, coste, capacidad de carga...).

9.2 Regulación

La normativa que se ha de aplicar a las diferentes fases del transporte dependerá del modo utilizado en cada una de ellas. Así, a las fases terrestres se le aplicará la LCTT; al trayecto aéreo, la Ley de Navegación Aérea[1] de 1960 (en la práctica, el clausulado de la carta de porte aéreo[2]); y al trayecto marítimo, el Código de Comercio (Libro III) y la Ley General de Navegación Marítima[3] (en la práctica, el clausulado del conocimiento de embarque que emita la naviera).

---

2. La protesta por pérdidas, averías o retraso, se regirá por las normas aplicables al modo de transporte en que se realice o deba realizarse la entrega.

Es importante tener en cuenta que los plazos para efectuar las reclamaciones son diferentes en cada caso. El plazo en que se debe formalizar la protesta (reserva o reclamación inicial que rompe la presunción de entrega correcta en destino) vendrá determinado por el medio de transporte con el que se entregue en destino:

- Por *transporte terrestre*, los plazos son diferentes según las pérdidas o averías sean o no manifiestas. Para las reservas, protestas o reclamaciones en caso de pérdidas y averías manifiestas es el momento de la entrega en destino. Ante averías y pérdidas no manifiestas, las reservas deben formularse dentro de los siguientes siete días naturales a la entrega. Para reclamaciones por retraso, el plazo es de veintiún días desde la entrega (artículo 60 de la LCTT).
- Por *transporte marítimo*, deben formularse las reclamaciones ante daños aparentes como máximo durante el siguiente día laborable al de su entrega. Si la pérdida o daño no fuera aparente, el aviso podrá darse en los tres días laborables siguientes a la entrega (artículo 322.1 del Proyecto de Ley General de Navegación Marítima).

---

[1] La regulación del contrato de transporte aéreo nacional se recoge básicamente en la Ley 48/1960, de 21 de julio, sobre Navegación Aérea (capítulo XII, sección 2.ª, artículos 102 a 115 y capítulo XIII en cuanto a indemnizaciones), actualizada en cuanto a los límites de responsabilidad mediante el Real Decreto 37/2001, de 19 de enero, por el que se actualiza la cuantía de las indemnizaciones por daños previstas en la Ley 48/1960 (artículos 3 y 5 relativos a mercancías).

[2] La regulación del contrato de transporte internacional se basa en el Convenio de Varsovia para la unificación de las reglas relativas al transporte aéreo internacional, de 12 de octubre de 1929, revisado y actualizado en numerosas ocasiones, siendo la más reciente la del Convenio de Montreal de 1999 (BOE 20 de mayo de 2004).

[3] En la fecha de publicación de este libro, esta ley se encuentra en su proceso de tramitación parlamentaria y apunta a unificar la normativa que se debe aplicar a los transportes marítimos, a escala nacional e internacional. La regulación del contrato de transporte marítimo en régimen de conocimiento de embarque se encuadra en el título IV, sección 5.ª «Del conocimiento de embarque» (artículos 296 a 308) y sección 7.ª «De la responsabilidad del porteador por pérdida, daños o retraso» (artículo 314 a 323). Dicha ley aplica para los transportes nacionales las Reglas de la Haya-Visby, ratificadas por España y la mayoría de países.

– Por *transporte aéreo*, y en aplicación del artículo 31 del Convenio de Montreal, el recibo de la carga sin protesta por parte del destinatario constituirá presunción, salvo prueba de que los mismos han sido entregados en buen estado y de conformidad con el documento de transporte. En caso de avería, el destinatario deberá presentar al transportista una protesta inmediatamente después de haberse notado dicha avería y, a más tardar, dentro de un plazo de catorce días naturales, desde su recepción. En caso de retraso, la protesta deberá hacerla como máximo dentro de veintiún días, a partir de la fecha de dicha recepción.

Tal como se observa al analizar la normativa para cada medio de transporte, los plazos de reservas varían sustancialmente. Es muy importante formular la reserva en el plazo establecido para romper la presunción de que la entrega se hizo correctamente por parte del porteador e iniciar así el proceso de reclamación ante éste.

> *3. Cuando no pueda determinarse la fase del trayecto en que sobrevinieron los daños, la responsabilidad del porteador se decidirá con arreglo a lo establecido en la presente ley.*

Un problema típico de los transportes multimodales es la dificultad para determinar en qué momento (fase o trayecto de transporte) se ha producido el daño a una mercancía. Téngase en cuenta que un sistema multimodal combina distintos trayectos sin ruptura de carga, es decir, sin transbordar la carga de un medio a otro.

Suele ser en destino cuando se detecta el problema y surge la dificultad para determinar el momento en que se produjo el daño y, por tanto, conocer la normativa a aplicar respecto a la responsabilidad del porteador. En estos casos, será de aplicación el régimen de responsabilidad del transporte terrestre visto en el capítulo 7.

9.3 Normas aplicables a supuestos especiales

> *Artículo 69. Normas aplicables a supuestos especiales.*
> *1. Cuando se haya pactado la realización del transporte por dos o más modos determinados y se utilice en la operación sólo uno de ellos o bien otro u otros diferentes a los acordados, se aplicará el régimen de responsabilidad del porteador correspondiente a aquel modo de transporte de entre los contratados que resulte más beneficioso para el perjudicado.*

Este apartado garantiza la máxima cobertura para el perjudicado y entendemos más beneficioso aquel régimen de responsabilidad que contiene un límite de indemnización mayor. Las diferencias en cuanto a estos límites son significativas entre los distintos medios de transporte:

— En el *transporte marítimo nacional*, y a partir de la próxima equiparación de los regímenes nacional e internacional mediante la aplicación a los transportes nacionales de las reglas de la Haya-Visby, la limitación de responsabilidad en cuanto a la indemnización se cifra en 666,67 derechos especiales de giro[4] (DEG) o 2 DEG/kg bruto de mercancía dañada o faltante, la cuantía que resulte mayor.

— En el *transporte aéreo nacional*, el límite de indemnización ante pérdidas o averías alcanza los 17 derechos especiales de giro.

Por tanto, si se pactó un transporte multimodal combinando carretera y ferrocarril y finalmente el portador utilizó una combinación de carretera y marítimo, en caso de daño producido en el trayecto marítimo, el cargador podrá exigir una indemnización en función de la LCTT, pues le resultará más beneficiosa.

> *2. Asimismo, cuando se haya contratado un transporte terrestre y se realice por otro u otros modos diferentes, se aplicará el régimen de responsabilidad correspondiente a aquel modo de transporte, el terrestre o el efectivamente utilizado, que resulte más beneficioso para el perjudicado.*

Éste sería el caso en el que se pacta un transporte terrestre y el porteador subcontrata un trayecto por otro medio de transporte, por ejemplo marítimo. Si se produce un siniestro en el trayecto marítimo, como no se pactó el uso de este medio y la LCTT es más beneficiosa para el cargador, el porteador responderá por el régimen de responsabilidad de la LCTT.

Si se hubiese usado un trayecto aéreo sin haberse pactado, y en éste se produce el siniestro y la pérdida de la mercancía, el cargador puede solicitar una indemnización de hasta 17 DEG, pues esta cobertura es mayor a la del transporte por carretera.

> *3. En los casos en que el contrato no especifique el modo de transporte y éste se ejecute por vía terrestre, se aplicarán las normas correspondientes a dicho modo. Cuando en idéntico supuesto el transporte se realice por diversos modos, siendo uno de ellos terrestre, se aplicarán las normas establecidas en esta ley.*

---

[4] Para más información sobre el derecho especial de giro véase el comentario y nota al pie del artículo 57. Para el cálculo se ha tomado la cotización a principios de 2010, que fijaba un cambio en torno a 1 DEG = 1,08 €.

Serán de aplicación las estipulaciones de la LCTT ante estas dos situaciones mencionadas.

9.4   Contrato de transporte con superposición de modos

> *Artículo 70. Contrato de transporte con superposición de modos.*
> *1. Las normas sobre responsabilidad de esta ley se aplicarán al conjunto del transporte aunque durante su ejecución el vehículo de transporte por carretera, el remolque o el semirremolque sean transportados por un modo distinto, siempre que las mercancías no hayan sido transbordadas. A estos efectos no se tendrán en cuenta los transbordos debidos a impedimentos al transporte en los términos previstos en el artículo 31.*

La mayoría de los casos en los que el transporte por carretera se combina con otros modos se encuadrarían en esta tipología, es decir, el transporte se inicia y finaliza por carretera y, en una fase intermedia, el vehículo (conjunto de tractora y semirremolque o sólo semirremolque) se transporta mediante un modo distinto sin trasbordo de mercancía, o sea, sin ruptura de carga (sin extraer de dicho vehículo la mercancía).

Es el caso del transporte marítimo de corta distancia[5] en el que, por ejemplo, envíos hacia o desde las islas se hacen utilizando vehículos de carretera que se combinan con el uso de las autopistas del mar, es decir, con buques de manutención horizontal o carga rodada.

La mercancía no se transborda (extrae) del semirremolque, y éste simplemente se superpone en el medio marítimo durante una fase del transporte, con la cabeza tractora o sin ella. En todos estos casos, se aplica a la totalidad del trayecto la LCTT.

> *2. No obstante, cuando la pérdida, la avería o el retraso se produzcan durante una fase del transporte distinta de la carretera, por hechos que sólo han podido darse con ocasión del transporte a través de ese otro modo, y que no han sido debidas a un acto u omisión del porteador por carretera, la responsabilidad de este último se regirá por las reglas imperativas aplicables al modo de transporte en que se haya producido el daño.*

---

[5] Para obtener más información sobre el transporte marítimo de corta distancia (TMCD), o *short sea shipping* (SSS), se recomienda visitar el sitio web de la Asociación Española para la Promoción del Transporte Marítimo de Corta Distancia (www.shortsea-es.org), donde se pueden consultar noticias, casos con éxito e, incluso, un simulador para comparar opciones de transporte entre trayectos confrontando la opción de sólo carretera con la de combinación con trayecto marítimo.

Se recogen aquí los casos de hundimiento del buque o accidente portuario en la carga y descarga rodada de los vehículos de carretera. Para estos casos, el porteador por carretera responderá frente al cargador en función de la normativa que regula el transporte en el que ha ocurrido el daño.

Esta menor indemnización a la que se puede acoger el porteador se basa en que sería la indemnización que el porteador terrestre podrá obtener del porteador marítimo para el que actuaba como cargador.

Los límites de responsabilidad del transporte marítimo son menores a los del transporte terrestre. En concreto, la limitación de responsabilidad en cuanto a la indemnización se cifra en 666,67 DEG o 2 DEG/kg bruto de mercancía dañada o faltante, la cuantía que resulte mayor.

Es importante que las unidades de carga figuren en el conocimiento de embarque y la carta de porte, de manera que se opte, tanto por el porteador como por el cargador, a una indemnización mayor frente a la naviera.

Capítulo 10
Normas especiales del contrato de mudanza

10.1 Objeto del contrato

> *Artículo 71. Objeto del contrato.*
> *Por el contrato de mudanza el porteador se obliga a transportar mobiliario, ajuar doméstico, enseres y sus complementos procedentes o con destino a viviendas, locales de negocios o centros de trabajo, además de realizar las operaciones de carga, descarga y traslado de los objetos a transportar desde donde se encuentren hasta situarlos en la vivienda, local o centro de trabajo de destino. El resto de las operaciones, como la preparación, armado o desarmado, embalaje, desembalaje y otras complementarias, quedarán a la voluntad contractual de las partes contratantes.*

La LCTT regula en un capítulo específico los transportes de mudanzas. En este primer artículo, se define el contrato de mudanza, su alcance y se dispone que la carga y descarga corresponden al porteador. Siguiendo con el principio de libertad contractual de las partes, se especifica que el responsable de otras operaciones propias de estos servicios y que van más allá de la carga, transporte y descarga (preparación, armado y desarmado, etc.) se puede pactar por las partes. Sin embargo, como se verá en el artículo 74.1, a falta de pacto expreso sobre esas operaciones, éstas se convierten en obligaciones del porteador.

Características típicas de estos servicios son que se realizan con vehículos especialmente acondicionados (tipo capitoné) y que es usual que el expedidor y el destinatario sean la misma persona.

10.2 Regulación

> *Artículo 72. Regulación.*
> *El contrato de mudanza estará sometido a las normas aplicables al modo de transporte que se utilice en cuanto no se opongan a lo establecido en este capítulo.*

Se regula de esta forma, y de manera similar al tratamiento de los transportes multi-modales, el hecho de que la mudanza se lleve a cabo mediante otro medio de transporte. En este caso, es de aplicación la normativa reguladora de dicho medio.

Antes de que la LCTT regulara expresamente en este capítulo el contrato de mudanza, se aplicaba la Orden de 5 de mayo de 1981, por la que se regula la homologación de empresas de mudanzas por carretera,[1] ya derogada.

Dicha norma configuraba el contrato tipo de mudanza. Con las oportunas modificaciones y actualizaciones, el capítulo específico de la LCTT para este tipo de transporte se basa en la norma de 1981.

La Federación Española de Empresas de Mudanzas[2] (Fedem) proponía en su web un modelo de contrato tipo de mudanza a sus asociados, el cual se basaba en dicha normativa y en las CGC adaptadas al transporte de mudanzas.

10.3   Documentación del contrato de mudanza

Artículo 73. Documentación del contrato de mudanza.

1. Antes de iniciar la mudanza, el porteador estará obligado a presentar un presupuesto escrito al cargador en el que consten los servicios que se prestarán, su coste, el coste del presupuesto y el precio total de la mudanza, especificando, en su caso, si los gastos que generen los trámites administrativos o de los permisos que fuera necesario solicitar están o no incluidos. Una vez aceptado por el cargador, el presupuesto hará prueba de la existencia y contenido del contrato.

Este presupuesto hace además las funciones vistas de la orden de carga y la carta de porte para los contratos de transporte en general. De hecho la O.FOM 238 exime a los contratos de mudanzas de su cumplimiento, por lo que no requieren el documento de control especificado en dicha orden ministerial.

La importancia del presupuesto es vital porque, una vez aceptado por el cargador, dará fe de la existencia y contenido del contrato de transporte a modo de carta de porte.

---

[1] Modificada (en su artículo 3) por la Orden del Ministerio de Transportes y Comunicaciones de 16 de septiembre de 1982, y finalmente derogada por la Orden del Ministerio de Fomento 734/2007, de 20 de marzo, por la que se desarrolla el Reglamento de la Ley de Ordenación de los Transportes Terrestres (LOTT) en materia de autorizaciones de transporte de mercancías por carretera.

[2] La Federación Española de Empresas de Mudanzas es miembro de la CETM (Confederación Española del Transporte de Mercancías). Se puede consultar más información sobre sus servicios y el sector de la mudanza en el sitio en internet www.fedem.es.

> *2. A falta de documento en el que se indiquen los bienes objeto de la mudanza, las partes podrán exigirse mutuamente, antes de iniciar el traslado, la realización y aceptación de un inventario de dichos bienes.*

Este inventario hace las funciones de albarán o lista de contenido.

> *3. Cuando la parte contratante requerida a realizar o aceptar un inventario de los bienes se negase a ello, la otra podrá considerarla desistida del contrato, con los efectos que, en su caso, correspondan de conformidad con lo dispuesto en los artículos 18.2 y 19.1.*

La negativa del porteador a realizar o aceptar el inventario concede al cargador el derecho a desistir la operación y buscar otro porteador. Si esta situación ha provocado un perjuicio al cargador, éste podrá exigir al porteador la indemnización que proceda (véase el artículo 18.2).

En el caso de que sea el cargador quien se niegue a realizar o aceptar el inventario, el porteador podrá desistir el transporte y exigir al cargador una indemnización en cuantía equivalente al precio del transporte previsto (véase el artículo 19.1).

10.4   Obligaciones del porteador

> *Artículo 74. Obligaciones del porteador.*
> *1. Las operaciones de carga y descarga, salvo que expresamente se pacte lo contrario, serán de cuenta del porteador. En los mismos términos, estará obligado a armar, desarmar, embalar, desembalar y colocar en el lugar que se le indique los bienes objeto de la mudanza.*

Este apartado complementa y concreta el artículo 71, en el que se define el objeto del contrato de mudanza. Se especifica, por tanto, que si no se pacta expresamente lo contrario, son obligaciones del porteador, además de la de transportar los bienes, la de cargar y descargar, así como armar, desarmar, embalar, desembalar, y colocar en el lugar que se le indique los bienes transportados.

La obligación del porteador es completa respecto a la mudanza, salvo que expresamente se hayan pactado operaciones que éste no esté obligado a realizar.

En los modelos de contrato de transporte de mudanzas más utilizados, se suelen establecer distintas modalidades de servicio de entre las cuales se marca la elegida, que incluye o excluye distintas obligaciones por parte del porteador. Estas modalidades de servicio se basan en la normativa citada de 1981. Suelen excluirse de forma general, excepto que expresamente se incluyan en el precio del servicio, algunas operaciones como armado y desarmado de muebles adosados a paredes, colocación de lámparas, apliques o toalleros, transporte de dispositivos de telecomunicación, etc.

Así pues, es de suma importancia que las partes concreten de la forma más detallada posible las operaciones incluidas y excluidas en el servicio de mudanza.

> *2. El porteador deberá solicitar al cargador información sobre las circunstancias relevantes para la correcta ejecución de la mudanza, tales como las condiciones de acceso a las viviendas, locales y establecimientos para su personal y vehículos.*

El contrato tipo de la Fedem ya recogía en su artículo 2 que la mudanza se realiza en función de la información suministrada por el cargador, en la que se designan los lugares de carga y descarga, así como las condiciones y el análisis de los accesos a dichos lugares para los trabajadores y vehículos de la empresa de mudanzas.

En otros modelos de contratos también se menciona esta obligación del cliente, que se detalla con mayor o menor rigurosidad. En los casos más detallados, se especifica la obligación del cliente de informar a la empresa de mudanzas, con anterioridad a la formalización del contrato y con el compromiso de valorar y poder aumentar el precio, de las dificultades derivadas de la concurrencia de condiciones como la falta de espacio para manipular los bultos, estrechez de la calle o accesos a los locales que impida la proximidad del vehículo, la inexistencia o insuficiencia de balcones o ventanas, las restricciones que se derivan de la ubicación de los locales en calle peatonal, coincidencia de las operaciones en fechas de celebraciones, etc.

Por el buen fin de la operación es conveniente que la empresa de mudanzas informe al cliente de toda la información que sea relevante y que está obligado a suministrar de manera previa a la formalización del contrato y desarrollo de la operación.

> *3. El porteador deberá informar, en su caso, al cargador acerca de las normas administrativas que sean aplicables al traslado pactado, pero no estará obligado a comprobar si los documentos puestos a su disposición son correctos y completos.*

En las ordenanzas municipales, suelen regularse determinados permisos y solicitudes en los casos en los que la operación de mudanza implique la realización de operaciones de carga y descarga en la vía pública. Además, dicha normativa, muy variable en función de cada localidad, puede contener otros requisitos que han de cumplir las empresas de mudanzas, como registros municipales o permisos anuales con exigencias muy distintas.

En los casos de ocupación de la vía pública a consecuencia de la mudanza, es muchas veces obligatoria la obtención de una autorización municipal, a solicitud de quien corresponda y especifique la ordenanza municipal y con una antelación determinada, a veces de hasta 15 días hábiles, respecto del previsto para efectuar la mudanza.

Las normativas municipales regulan el uso de la vía pública, tratando de conciliar su uso habitual con el derecho de los ciudadanos y las empresas a los traslados y las mudanzas que se requieran.

La LCTT obliga al porteador a informar sobre dichas normas y mantiene que éste no se responsabiliza de que la documentación sea correcta y completa. Una vez solicitada y obtenida la citada autorización por el cargador, esta documentación se ha de poner a disposición del porteador, que no tiene ninguna obligación respecto a la corrección de la misma.

---

4. El porteador deberá informar al cargador acerca de la posibilidad de concertar un contrato de seguro que cubra el riesgo de daños a los bienes objeto de la mudanza. La conclusión del contrato de seguro no libera de responsabilidad al porteador.

No será de aplicación la limitación de responsabilidad del porteador señalada en el artículo 76 cuando éste incumpla la obligación de información anteriormente reseñada.

La empresa de mudanzas está obligada simplemente a informar sobre la posibilidad de que el cargador contrate un seguro, por tanto, su contratación queda siempre a juicio y decisión final del cliente cargador.

El contrato de transporte y de seguro de transportes están relacionados pero son independientes. Así que, al margen de que el cargador haya contratado un seguro de transporte o no, el porteador responderá según lo estipulado por la LCTT.

No cumplir con la obligación de informar al cliente cargador sobre la posibilidad de contratar un seguro acarrea que se elimine el límite de responsabilidad del porteador de veinte veces el IPREM/día por cada metro cúbico del espacio de carga necesario fijado en el artículo 76. La consecuencia es que el porteador responderá por el valor de la mercancía perdida o dañada sin limitación alguna.

10.5   Presunciones de exoneración

Artículo 75. Presunciones de exoneración.

1. Sin perjuicio de lo dispuesto en el artículo 48, el porteador quedará exonerado de responsabilidad cuando pruebe que la pérdida o avería de los bienes objeto de la mudanza ha podido resultar verosímilmente de alguno de los riesgos siguientes:

> *a) Deficiencias en el embalaje o marcado de los bienes realizado por el cargador.*
>
> *b) La manipulación efectuada por el cargador.*
>
> *c) Carga o descarga de bienes cuya dimensión o peso no sea adecuado para los medios de transporte acordados, siempre que el porteador haya avisado al cargador del riesgo de daños y éste hubiera insistido en la ejecución de la prestación.*
>
> *d) Falsedad o incorrección de la información proporcionada por el cargador.*
>
> *e) Transporte de animales vivos o de plantas.*
>
> *f) Naturaleza propia de los bienes objeto de la mudanza.*

Al porteador le es de aplicación el artículo 48 sobre causas de exoneración y, por tanto, no responde de la pérdida, avería o retraso cuando han sido ocasionados a causa del cargador o del destinatario, ya sea por una instrucción de éstos no motivada por una acción negligente del porteador, por vicio propio de las mercancías o por circunstancias que el porteador no pudo evitar y cuyas consecuencias no pudo impedir.[3]

Además, por razones inherentes al transporte de mudanzas, el porteador quedará liberado de responsabilidad cuando pruebe que el daño es consecuencia de las circunstancias relacionadas en este artículo 75. Estas causas de exoneración son una concreción y adaptación al transporte de mudanzas de las estipuladas en el artículo 49 para los transportes en general. Tienen el mismo valor, es decir, una vez probadas estas circunstancias, la carga de la prueba de que la pérdida o avería no se ha debido a ellas recae sobre el cliente cargador (véase el artículo 49).

> *2. No obstante, el legitimado para reclamar podrá probar que el daño no fue causado, en todo o en parte, por ninguno de tales riesgos. Cuando resulte probado que el daño fue parcialmente causado por una circunstancia imputable al porteador, éste sólo responderá en la medida en que la misma haya contribuido a la producción del daño.*

Corresponde por tanto al cliente probar que tales hechos, circunstancias o riesgos relacionados en el artículo 75 no fueron los causantes del daño. Si se prueba tal situación, o al menos que una parte de la pérdida o avería se ha debido a causa imputable al porteador, éste responderá por ello.

---

[3] Para un análisis más profundo de estas causas de exoneración, véase el comentario práctico del artículo 48.

10.6 Límites de indemnización

> *Artículo 76. Límites de indemnización.*
> *1. La responsabilidad del porteador por daños o pérdida de los bienes transportados no podrá exceder de veinte veces el Indicador Público de Efectos Múltiples/día por cada metro cúbico del espacio de carga necesario para el cumplimiento del contrato.*

Ésta es la limitación de responsabilidad por estos hechos. En aplicación del IPREM/día[4] vigente para 2010, cuya cuantificación es de 17,75 €, resulta una limitación de responsabilidad de 355 € por cada metro cúbico del espacio de carga necesario para el cumplimiento del contrato.

> *2. Esta limitación de la responsabilidad no será de aplicación a los daños que, con ocasión de la mudanza, puedan sufrir bienes del cargador distintos de los transportados.*

Este apartado se refiere al caso en que, por ejemplo, se dañan otros bienes distintos a los transportados en el desarrollo de la operación de mudanza. En este caso, la empresa de mudanzas deberá indemnizar por el valor de los bienes dañados sin la limitación fijada en el artículo 76.

10.7 Reservas

> *Artículo 77. Reservas.*
> *1. La acción por pérdida o avería de los bienes objeto de la mudanza se extingue si el destinatario no manifiesta por escrito sus reservas al porteador o a sus auxiliares en el momento de la entrega o, en caso de pérdidas y averías no aparentes, dentro de los siete días siguientes al de la entrega, descontando domingos y festivos.*

Los plazos para manifestar las reservas por escrito son muy similares, aunque no iguales, a los de los transportes en general especificados en el artículo 60 de la LCTT.

En el caso de pérdida o avería manifiesta, el plazo es el mismo, es decir, el momento de la entrega. La diferencia estriba en el plazo para las pérdidas o averías no manifiestas,

---

[4] Para mayor información sobre este indicador, véase el comentario práctico del artículo 22, donde se indica la naturaleza del IPREM, así como su publicación y actualización periódica anual.

que son los siete días siguientes al de la entrega descontando los domingos y festivos en los transportes de mudanzas, cosa que no se hace en el plazo aplicable a los transportes en general.

> *2. Lo dispuesto en el apartado anterior no se aplicará cuando el destinatario sea un consumidor y el porteador no le haya informado por escrito, de forma clara y destacada, antes de la entrega, acerca de la forma y plazos en que deberá manifestar las reservas así como de las consecuencias de su ausencia.*

Para que el porteador pueda argumentar estos plazos de reservas y rechazar reclamaciones fuera de plazo, éste ha debido informar previamente al cliente cargador sobre ellos.

Conviene sobremanera al porteador que en el documento de presupuesto o cualquier otro que firme y acepte el cargador aparezcan de manera destacada estos plazos, de modo que sirva como prueba de la comunicación de los mismos al cliente.

Capítulo 11
Prescripción de las acciones

11.1 Carácter imperativo

> *Artículo 78. Carácter imperativo.*
> *Las normas de este capítulo tienen carácter imperativo.*

Las disposiciones relativas a la prescripción de las acciones, al igual que ocurre con las de la responsabilidad del porteador (capítulo V de la LCTT y VII de este libro), son imperativas, por tanto, las partes no pueden pactar otras pues son de obligado cumplimiento en todos los contratos.

11.2 Plazos generales

> *Artículo 79. Plazos generales.*
> *1. Las acciones a las que pueda dar lugar el transporte regulado en esta ley prescribirán en el plazo de un año. Sin embargo, en el caso de que tales acciones se deriven de una actuación dolosa o con una infracción consciente y voluntaria del deber jurídico asumido que produzca daños que, sin ser directamente queridos, sean consecuencia necesaria de la acción, el plazo de prescripción será de dos años.*

La prescripción es la extinción de un derecho como consecuencia de su falta de ejercicio durante el tiempo establecido por la ley. Por tanto, el plazo de prescripción es el tiempo en el que se debe ejercitar un derecho.

La prescripción se basa en la seguridad jurídica de los operadores económicos (las empresas), que no deben estar expuestos a reclamaciones de forma indefinida en el tiempo.

Si en el plazo de prescripción no se ejercita ese derecho (reclamación por daños, por impago de portes, etc.), éste se extingue, prescribe, y ya no se puede ejercitar después. La acción a la que nos referimos es la reclamación formal que se dirige ante la parte reclamada y también ante los tribunales o las JAT. La parte a quién beneficie la prescripción es la que debe argumentarla y probarla.

El plazo de prescripción general para todas las acciones que se puedan generar en aplicación de la LCTT (reclamaciones de todo tipo) es de un año.

Este plazo general de prescripción se fija en dos años para los casos de actuación dolosa o de infracción consciente y voluntaria que provoca daños. Ante estos casos se producen dos efectos: se pierde el beneficio de limitación de responsabilidad del porteador (véase el artículo 62), y se alarga el plazo de prescripción para efectuar las reclamaciones correspondientes.

> *2. El plazo de prescripción comenzará a contarse:*
>
> *a) En las acciones de indemnización por pérdida parcial o avería en las mercancías o por retraso, desde su entrega al destinatario.*
>
> *b) En las acciones de indemnización por pérdida total de las mercancías, a partir de los veinte días de la expiración del plazo de entrega convenido o, si no se ha pactado plazo de entrega, a partir de los treinta días del momento en que el porteador se hizo cargo de la mercancía.*
>
> *c) En todos los demás casos, incluida la reclamación del precio del transporte, de la indemnización por paralizaciones o derivada de la entrega contra reembolso y de otros gastos del transporte, transcurridos tres meses a partir de la celebración del contrato de transporte o desde el día en que la acción pudiera ejercitarse, si fuera posterior.*

Tan importante como la duración temporal del propio plazo de prescripción es el momento en que dicho plazo comienza a contarse, es decir, se inicia el cómputo de la prescripción. Este momento es diferente según la acción (reclamación) sea consecuencia de una u otra incidencia.

Así pues, si la reclamación es consecuencia de una entrega parcial o de una avería, el cómputo de la prescripción se inicia en el momento en que ese envío se ha entregado al destinatario. Si suponemos que es un daño visible, se habrá formulado la correspondiente reserva en el momento de la entrega en destino pero, a partir de entonces, el destinatario dispone de un año para formalizar la reclamación al porteador y, si no se llega a un acuerdo satisfactorio, recurrir a los tribunales o las JAT.

En caso de pérdida total, el inicio de la prescripción depende de si se pactó plazo de entrega, el cual debe aparecer en la carta de porte u orden de carga.

Si se pactó un plazo de entrega, el año de prescripción comienza a contar a partir de transcurridos veinte días después de dicho plazo.

Si no se pactó, el año de prescripción comienza a contar a partir de treinta días desde que el porteador se hizo cargo de la mercancía en el almacén del expedidor (en origen, cuando se formalizó la carta de porte). De hecho, en la carta de porte se suele especificar en una de las casillas «Lugar y fecha de carga».

Finalmente, para las reclamaciones por otras incidencias como el impago de portes, indemnización por paralizaciones, reclamación del reembolso no cobrado por el porteador y otras, el plazo de prescripción se inicia pasados tres meses desde la celebración del contrato de transporte o desde el momento en que la acción pudiera ejercitarse.

Para el caso de impago de portes (el más común en esta categoría), el año de prescripción se inicia tres meses después de que el cliente obligado al pago deba haberlo hecho efectivo.

> *3. La prescripción de las acciones surgidas del contrato de transporte se interrumpirá por las causas señaladas con carácter general para los contratos mercantiles.*
>
> *Sin perjuicio de ello, la reclamación por escrito suspenderá la referida prescripción, reanudándose su cómputo sólo a partir del momento en que el reclamado rechace la reclamación por escrito y devuelva los documentos que, en su caso, acompañaron a la reclamación. Una reclamación posterior que tenga el mismo objeto no suspenderá nuevamente la prescripción. En el caso de aceptación parcial de la reclamación, la prescripción se reanudará respecto de la parte aún en litigio.*
>
> *La prueba de la recepción de la reclamación o de la contestación y devolución de los documentos justificativos, corresponde a la parte que la invoque.*

El artículo 944 del CC recoge como causas de interrupción de la prescripción la demanda judicial, el reconocimiento de las obligaciones del deudor y la renovación del documento en que se funde el derecho del acreedor.

Independientemente de estas tres causas generales de interrupción de la prescripción en los contratos mercantiles, se especifica como cuarta causa la reclamación por escrito. Por tanto, es importante tener en cuenta que una reclamación por escrito (carta, fax, etc.) suspende la prescripción. Esta reclamación, efectuada siempre dentro del plazo de prescripción, debe incluir los datos necesarios para que el reclamado conozca los motivos y pruebas por los que se le reclama y la cantidad que se solicita como indemnización (cuantificada y razonada).

Si el reclamado rechaza la reclamación y devuelve sus documentos, se reanuda el cómputo del plazo de prescripción. En este caso, el reclamante debe dirigir su reclamación a los tribunales o las JAT, pues una nueva reclamación no vuelve a suspender el plazo de prescripción.

Cabe la posibilidad de aceptar parcialmente una reclamación. Por ejemplo, se puede aceptar una indemnización por daños a la mercancía que se ha mojado durante el transporte pero no la cuantía que se reclama como indemnización por retraso. En este caso, el cómputo del año de prescripción respecto a la reclamación por retraso continúa su curso.

En todo el proceso, quien argumenta un hecho (envío y recepción de la reclamación, devolución del expediente de reclamación, etc.) debe ser capaz de probarlo. Es muy conveniente el uso de medios de comunicación que dejen constancia. Por ejemplo, un burofax deja constancia de la entrega en fecha y del contenido de la comunicación. También dejan constancia un fax con acuse de recibo («reporte»), un telegrama, una carta certificada, etc.

> *4. Entre porteadores, la prescripción de las acciones de regreso comenzará a contarse a partir del día en que se haya dictado una sentencia o laudo arbitral firme que fije la indemnización a pagar según lo dispuesto en esta ley, y si no existe tal fallo, a partir del día en que el porteador reclamante efectuó el pago.*

Tanto en los casos de relaciones entre porteadores y porteadores efectivos (artículos 5 y 6) y en los que unen a porteadores sucesivos (capítulo VIII de este libro), las acciones de regreso entre ellos están sujetas igualmente a unos plazos de prescripción.

Las reclamaciones entre porteadores pueden deberse a cualquier circunstancia que hubiese originado la reclamación original (pérdidas, averías, retraso, impago de portes, indemnización por paralización, etc.).

Si ha habido sentencia o laudo, su fecha determina el inicio del plazo de prescripción. En caso contrario, comenzará en la fecha en la que el porteador haya pagado la indemnización por la que ahora reclama.

Capítulo 12
Disposiciones finales y entrada en vigor

12.1   Encargos en el transporte de viajeros

> *Disposición adicional segunda. Encargos en el transporte de viajeros.*
> *En el transporte de viajeros, cuando el porteador, a cambio de una remuneración, se obligue a transportar a bordo del vehículo cualquier objeto que no guarde relación directa con ninguno de los viajeros que ocupan plaza en el vehículo, dicho transporte se regirá por las normas de esta ley.*

Esta modalidad de transporte utilizada a veces para el transporte de productos de lo más variados, desde repuestos para el automóvil a envíos comerciales, queda sujeta a los preceptos y disposiciones de la LCTT.

12.2   Transporte realizado en bicicleta

> *Disposición adicional quinta. Transporte realizado con bicicleta.*
> *En tanto no se dicten disposiciones reguladoras del contrato de transporte realizado mediante la utilización de bicicleta, éste quedará sujeto a las normas contenidas en la presente ley que le resulten de aplicación.*

Aunque en el artículo 1 de la LCTT se expresa como objeto de esta ley «la regulación del contrato de transporte terrestre de mercancías realizado por medios mecánicos con capacidad de tracción propia», el legislador ha optado por aplicar a estos transportes las disposiciones de la LCTT mientras no tengan regulación propia.

12.3   Contratos preexistentes

> *Disposición transitoria única. Contratos preexistentes.*
> *Esta ley será de aplicación a todos los contratos que hayan sido celebrados antes de su entrada en vigor, en cuanto se trate de transportes que se inicien a partir del 1 de enero del año siguiente al de la referida entrada en vigor.*

La entrada en vigor de esta ley se produjo el 12 de febrero de 2010, es decir, para todas aquellas operaciones de transporte que no se realizan en cumplimiento de contratos formalizados antes de esa fecha.

Sin embargo, para los contratos que determinen los derechos y las obligaciones de cargador y porteador celebrados antes de dicha fecha, no es aplicable esta LCTT hasta el 1 de enero de 2011. A partir de esa fecha, estos contratos deberán adaptarse a la LCTT.

La práctica más habitual es pactar contratos de transporte para operaciones concretas («contrato-viaje»), por lo que esta ley es de aplicación desde su entrada en vigor a la inmensa mayoría de los contratos y operaciones de transporte nacional por carretera.

12.4   Derogaciones y vigencias

> *Disposición derogatoria única. Derogaciones y vigencias.*
> *1. Quedan derogadas las siguientes disposiciones:*
> *a) Los artículos 349 a 379, ambos inclusive y, en cuanto afecten al transporte terrestre de mercancías, los artículos 951 y 952 del Código de Comercio de 1885.*
> *b) Las normas recogidas en la legislación sectorial de los transportes por carretera y ferrocarril que se opongan a lo dispuesto en esta ley.*
> *c) Cuantas normas de igual o inferior rango se opongan a esta ley.*

Se han derogado los artículos específicos del CC que regulaban o afectaban al transporte terrestre. Esta norma, que data de 1885, ha quedado totalmente obsoleta para regular este tipo de transporte en la actualidad.

> *2. En lo que no se opongan a lo dispuesto en esta ley, se declaran vigentes las condiciones generales de contratación de los transportes de mercancías por carretera, aprobadas por la Orden del Ministerio de Fomento de 25 de abril de 1997, modificada por la Orden FOM/2184/2008, de 23 de julio. Dicha Orden Ministerial se adaptará al contenido de la presente ley en el plazo de doce meses a partir de su entrada en vigor.*

Las CGC siguen vigentes en lo que no se opongan a la LCTT. De hecho, en el análisis de algunas disposiciones de la LCTT hemos recurrido a las CGC para concretar su aplicación. Por ejemplo, para determinar la revisión del precio en función de la variación del precio del gasóleo (véase el artículo 38 de la LCTT).

12.5   Condiciones generales de contratación

Disposición final tercera. Condiciones generales de contratación.
1. El Ministro de Fomento, de acuerdo con esta ley, podrá establecer contratos-tipo o condiciones generales de contratación para las distintas clases de transporte terrestre, en los que se determinen los derechos y obligaciones recíprocas de las partes y las demás reglas concretas de cumplimiento de los contratos singulares.

De modo semejante a cómo la LOTT abrió la posibilidad, en su artículo 24.2, de que la Administración aprobara contratos tipo y ésta se concretara en las CGC, la LCTT abre la posibilidad a que el Ministerio de Fomento pueda establecer contratos-tipo o condiciones generales de contratación específicas para determinadas clases de transporte.

Podría ser el caso de la regulación del transporte de mercancías en bicicleta o de sectores del transporte con casuística específica, al igual que se ha hecho con el de mudanza, que se ha regulado con un capítulo específico de la LCTT.

2. Las reglas de los contratos-tipo o condiciones generales, cuando se refieran a contratos de transportes de mercancías por carretera o por ferrocarril, o transportes de viajeros en ferrocarril o autobús contratados por coche completo, incluyéndose, a tal efecto, los regulares de uso especial, serán aplicables en forma subsidiaria o supletoria a las que libremente pacten las partes en los correspondientes contratos singulares.

Los mismos principios de libertad contractual, subsidiariedad y supletoriedad analizados a lo largo del libro para la LCTT serían de aplicación en las posibles y futuras condiciones generales de contratación o contratos tipo que el Ministerio de Fomento elabore para regular determinadas clases de transporte terrestre.

4. No obstante lo dispuesto en los apartados anteriores, los porteadores podrán ofrecer a los usuarios condiciones más favorables a las establecidas en los contratos-tipo, teniendo en este caso, estas últimas, el carácter de condiciones mínimas.

De forma análoga a cómo opera la LCTT respecto de los contratos particulares, esas posibles condiciones generales de contratación tendrán el carácter de mínimo, y el porteador podrá ofrecer condiciones más favorables a sus clientes cargadores.

12.6   Entrada en vigor

Disposición final quinta. Entrada en vigor.
La presente ley entrará en vigor a los tres meses de su publicación en el «Boletín Oficial del Estado».

La LCTT se publicó en el BOE del 12 de noviembre de 2009, por lo que entró en vigor de forma general para todas las operaciones de transporte el 12 de febrero de 2010. A partir de esa fecha, todas las operaciones de transporte están sujetas a los preceptos de la LCTT, excepto las que se ejecutan en cumplimiento de contratos preexistentes, a las que se les aplica a partir del 1 de enero de 2011 (véase el apartado 12.3).

Capítulo 13
Las juntas arbitrales de transporte

13.1 Introducción y marco jurídico de las juntas arbitrales de transporte

13.1.1 Introducción, objetivo y ventajas de las JAT

Hemos incluido el estudio de las juntas arbitrales de transporte[1] (JAT) en esta obra por ser el procedimiento creado específicamente por la Administración para resolver las controversias que se deriven del contrato de transporte.

La opción tradicional vía juzgados y tribunales puede ser, alternativamente a la JAT, la escogida por las partes. En el capítulo siguiente se analizan las reclamaciones ante los tribunales siguiendo el proceso monitorio.

La creación y el funcionamiento de las JAT constituyen una manifestación directa de la actividad arbitral de la Administración.

El arbitraje en España se regula mediante la Ley 60/2003[2] de Arbitraje, de 23 de diciembre (BOE de 26 de diciembre), en adelante LAR.

El objetivo de las JAT es reducir la tarea de los tribunales de justicia, derivando pleitos a organismos que actúan en el marco del sistema arbitral y aplican la normativa específica de transportes (arbitraje de derecho), lo que supone ventajas para los usuarios por su rapidez, gratuidad y simplificación del trámite de resolución de las controversias que se deriven del cumplimiento del contrato de transporte.

En las vistas orales de las JAT no se requiere abogado ni procurador por parte del reclamante y reclamado. El procedimiento de una JAT es rápido, antiformalista y no implica ningún coste para las partes, excepto el que puedan generar la obtención y presentación de pruebas.

---

[1] Para consultar la normativa reguladora, laudos y contacto con las distintas juntas arbitrales de transporte en España, véase el sitio web del Ministerio de Fomento (www.mfom.es), dentro del área de actividad de transporte terrestre, en el apartado «servicios al transportista».

[2] Esta norma sustituyó a la Ley 36/1988 de Arbitraje de 5 de diciembre (BOE del 7 de diciembre), que estuvo en vigor hasta el 26 de marzo de 2004, fecha en la que entró en vigor la Ley 60/2003 de Arbitraje.

13.1.2   Marco jurídico de las JAT

Las actuales JAT tienen su precedente en las «juntas de detasas», que inicialmente actuaban en controversias entre usuarios y compañías de ferrocarriles, y que posteriormente fueron competentes para resolver casos de transporte por carretera.

En cuanto al marco jurídico que regula las JAT, las normas más importantes son la LAR, la LOTT, el ROTT y la Orden de 30 de marzo de 2001 (BOE de 14 de abril) del Ministerio de Fomento, que establece normas para la realización de las funciones de depósito y enajenación de mercancías por las JAT.

También se pueden citar la Ley 5/87, de 30 de julio, de Delegación de Facultades del Estado en las comunidades autónomas en materia de transporte terrestre y por cable (BOE del 31 de julio), y las normas de las distintas comunidades autónomas que las han constituido en sus ámbitos geográficos.

La LAR regula el arbitraje en España. Estipula aspectos generales del sistema arbitral, el procedimiento, el laudo y otros aspectos de interés. El resto de normas que analizamos a continuación regulan específicamente el arbitraje de transporte.

La LOTT dedica el artículo 37 a la creación de las JAT y el 38 a sus atribuciones y competencias. Esta ley fue modificada por la Ley 29/2003, de 8 de octubre, de entre cuyas modificaciones más significativas se encuentra precisamente la del artículo 38.1, que se refiere al umbral de sometimiento a las JAT.

El ROTT[3] dedica los artículos 6 al 12 a las JAT, donde detalla lo estipulado en la LOTT. El artículo 6 concreta las funciones de las JAT, el 7 trata de su ámbito competencial, el 8 se refiere a su composición, el 9 se dedica al procedimiento de las JAT y los artículos 10, 11 y 12 tratan de los procedimientos de depósito y enajenación de mercancías.

Finalmente, el artículo 12 de la Ley 5/87 establece la delegación en las comunidades autónomas de las funciones que la LOTT atribuye a las JAT.

Por su parte, la LCTT hace referencia a las JAT o al laudo arbitral en numerosos artículos, por ejemplo el 26, 32, 34, 40, 44, 66 y 79.

13.2   Funciones, competencia y composición de las juntas arbitrales de transporte

Se han creado JAT en todas las comunidades autónomas y en las ciudades autónomas de Ceuta y Melilla. Las JAT tienen como función principal resolver reclamaciones de carácter mercantil en relación con el cumplimiento de los contratos de transporte terrestre y de actividades auxiliares y complementarias del transporte.

---

[3] Mediante el Real Decreto 1225/2006, por el que se modificó el ROTT, de 27 de octubre (BOE de 15 de noviembre), se actualizaron los siguientes artículos relativos a las JAT: 7.2, 8.1, 8.4 y 9.

13.2.1   *Competencia objetiva*

El artículo 38 de la LOTT determina la competencia e indica que a las JAT les corresponde resolver las controversias de carácter mercantil surgidas en relación con el cumplimiento de los contratos de transporte terrestre cuando, de común acuerdo, sean sometidas a su conocimiento por las partes intervinientes u otras personas que ostenten un interés legítimo en su cumplimiento.

Asimismo, les corresponde resolver las controversias surgidas en relación con los demás contratos celebrados por las empresas transportistas y de actividades auxiliares y complementarias del transporte cuyo objeto esté directamente relacionado con la prestación por cuenta ajena de los servicios y actividades que se encuentren comprendidos en el ámbito de su actuación empresarial.

El artículo 6 del ROTT concreta las funciones de las JAT y especifica que les corresponde:

1. Resolver las controversias de carácter mercantil que surjan del cumplimiento de los contratos de transporte terrestre.

    Es su función principal. Las principales reclamaciones que atienden las JAT se refieren a impagos del servicio de transporte o reclamaciones de cargadores por pérdida o avería de las mercancías.
2. Informar y dictaminar sobre las condiciones de cumplimiento de los contratos de transporte terrestre.
3. Depositar y enajenar mercancías en las condiciones previstas por la normativa vigente.

    En este caso, se atiende al privilegio del porteador sobre las mercancías en relación al cobro del transporte. Depositar las mercancías ante las JAT equivale a la entrega, y permite que el porteador pueda poseer legalmente la mercancía y encargar su subasta para cobrar el porte impagado.
4. Desarrollar peritaciones sobre el estado de las mercancías como paso previo a posibles reclamaciones.

    Esta función atiende controversias sobre el estado de las mercancías. La peritación la desarrolla de oficio la Administración y, en el caso de que suponga un gasto, éste correrá a cargo de la parte que solicitó la peritación.
5. Otras que se les pueda encomendar por las autoridades que regulan el sector del transporte.

Así pues, las JAT resuelven controversias que surgen en el cumplimiento de los contratos de transporte terrestre (carretera y ferrocarril), de mercancías y viajeros, y aceptan reclamaciones de transporte internacional de mercancías por carretera (artículo 33 del convenio CMR).

13.2.2   Competencia territorial

En el artículo 7 del ROTT se regula la competencia territorial de las JAT. En concreto, en el apartado 7.2 se especifican las JAT competentes en función de lo que se les solicite.

Si se les solicitan funciones de resolución de controversias o las de información y dictamen sobre las condiciones de cumplimiento de los contratos de transporte terrestre, las JAT competentes vendrán determinadas por el lugar de origen o de destino del transporte o el lugar de celebración del contrato (entendiéndose como la dirección del transportista) a elección del peticionario o demandante, a excepción de que se haya pactado una JAT concreta.

Si se reclaman ambas partes y lo hacen en distintas JAT, se admite la que se presentó antes.

13.2.3   Competencia en función de la cuantía de la reclamación

Finalmente, respecto a la competencia de las JAT en función de la cuantía de la controversia, el artículo 38 de la LOTT, modificado en 2003, establece que existe acuerdo de sometimiento a las JAT siempre que la cuantía de la controversia no exceda los 6.000 € y ninguna de las partes intervinientes en el contrato haya manifestado expresamente a la otra su voluntad en contra antes del momento en que se inicie o deba haberse iniciado la realización del servicio o actividad contratado.

Si la reclamación es mayor a 6.000 €, es imprescindible que las partes se sometan, de común acuerdo, expresamente a la competencia de las JAT para que éstas sean competentes.

En la práctica, suele ser habitual que los formularios de cartas de porte (o documento de control) incluyan el sometimiento expreso a una JAT como condición del transporte o estipulación acordada por las partes.

Este sometimiento tiene una enorme importancia en cuanto a la resolución de los conflictos que surjan. Los porteadores que utilizan formularios de cartas de porte suelen incluir en ellos una mención de sometimiento a una JAT. En general, el porteador trata de reducir costes por la resolución de las reclamaciones y elige la JAT más cercana a su domicilio. Sin embargo, a veces se elige otra JAT porque el porteador conoce el buen funcionamiento de ésta, unos plazos de resolución más cortos u otras razones.

Al cargador le puede interesar que las controversias por transporte se resuelvan en una JAT concreta, por ejemplo, la de su provincia. Se puede generar en este caso un conflicto de intereses ante el que las partes han de llegar a un acuerdo, ya sea el de someterse a una JAT concreta o no, o incluso no pactar nada sobre el asunto y, *a posteriori*, obrar en función de las posibilidades que la normativa regula.

También se puede acordar el sometimiento a una JAT en la orden de carga que giran y aceptan las partes, previa a la formalización de la carta de porte.

<table>
<tr><td>

Las partes intervinientes en este contrato, con renuncia de su propio fuero, y para la resolución de cuantas cuestiones o controversias pudieran derivarse de este contrato, se someten expresamente a la competencia de la Junta Arbitral de Transporte de la provincia de.......... (España).

</td></tr>
<tr><td>

Las partes intervinientes en este contrato, con renuncia de su propio fuero, y para la resolución de cuantas cuestiones o controversias pudieran derivarse de este contrato, se someten expresamente a la competencia de la Junta Arbitral de Transporte de la provincia de.......... (España), incluso para cantidades superiores a 6.000 €.

</td></tr>
<tr><td>

Las partes intervinientes en este contrato se someten expresamente a la competencia de la Junta Arbitral de Transporte de la provincia de .... (España), incluso en controversias que excedan de los 6.000 €.

</td></tr>
</table>

Tabla 13.1. Cláusulas habituales de sometimiento expreso a una JAT.[4]

13.2.4 Composición de la JAT

La JAT estará compuesta, en cumplimiento del artículo 8 del ROTT, de un presidente y un mínimo de dos y un máximo de cuatro vocales que representan a los sectores enfrentados en la reclamación presentada ante ésta. Es decir, habrá al menos un vocal que represente a los cargadores o usuarios del transporte y otro que represente a las empresas de transporte, en los casos de reclamación entre éstos.

Por tanto, se constituirán por un presidente y al menos dos vocales (obligatorios) con la representación citada, a los que se les podrán añadir dos vocales administrativos.

El artículo 9.7 del ROTT dispone que el laudo se acordará por mayoría simple de los miembros, dirimiendo los empates con el voto de calidad del presidente. La inasistencia de cualquiera de los miembros de la junta, con excepción del presidente, no impedirá que se celebre la vista ni que se dicte laudo. El presidente debe ser licenciado en Derecho, miembro de la Administración y tener un conocimiento amplio de las materias de competencia de la JAT.

También se nombra la figura del secretario, con importantes funciones pero que no forma parte de la JAT. Se pueden nombrar miembros suplentes para el presidente, los vocales obligatorios y el secretario.

---

[4] *Tabla 13.1.* Cláusulas típicas de sometimiento expreso a una JAT. Se presentan algunas de las cláusulas más usadas en las cartas de porte para expresar el sometimiento expreso de las partes a una JAT. Teniendo todas el mismo valor, es preferible la de mayor detalle y concreción. En algunos casos, se usan formularios que hacen mención a cantidades diferentes a 6.000 €, normalmente inferiores. La razón es que se imprimieron dichos formularios cuando el sometimiento expreso se requería para un umbral más bajo, antes de la modificación de la LOTT de 2003, que lo fijaba entonces en 3.005,06 €. Si la cláusula hace referencia a cuantía o umbral de competencia, ésta debe ser de 6.000 €.

13.3 Procedimiento de actuación de una junta arbitral de transporte

13.3.1 *Inicio y aceptación de la reclamación*

13.3.1.1 *Inicio del procedimiento*

El inicio de la actuación de la JAT se regula en el artículo 9.2 del ROTT, donde se especifica que las actuaciones de las juntas serán instadas por escrito firmado por el actor o sus representantes, identificarán reclamante y reclamado, expondrán los fundamentos de hecho y de derecho en los que justifique su reclamación, propondrán las pruebas pertinentes y especificarán de manera clara y precisa la petición que se reclama.

Por tanto, cualquier cargador, transportista, intermediario o destinatario que sea parte de un contrato de transporte puede acudir a la junta arbitral sin abogado ni procurador, incluso mediante representante nombrado al efecto, y solicitar su actuación a través de un simple escrito.

También pueden recurrir a las JAT las aseguradoras en acción de recobro y subrogándose en los derechos de sus asegurados una vez indemnizados en virtud del contrato de seguro[5] de transporte correspondiente. La solicitud de intervención debe presentarse en el registro de la JAT competente.

No existe un modelo o formulario único[6] para cumplir con este trámite inicial. Cada JAT utiliza un modelo más o menos similar que incluye los datos citados requeridos por la normativa. De hecho, algunas JAT permiten mediante una cumplimentación telemática la generación de la solicitud de intervención que posteriormente se presenta en el registro correspondiente.

Es muy conveniente que quien reclama adjunte a la solicitud toda la documentación que argumente su pretensión, como la orden de carga, la carta de porte, el acuerdo de sometimiento a la JAT, copia de la reclamación formulada en tiempo a la parte reclamada, comunicado a la compañía aseguradora, peritación, informes de daños, pruebas de todo tipo, fotografías, denuncia ante la policía, u otras. En función de la parte que reclame y lo que se reclame, la documentación adjunta será distinta.

Debe tenerse en cuenta que el artículo 60 de la LCTT establece los plazos para manifestar las reservas al porteador ante pérdida, avería o retraso. Se requiere esa primera re-

---

[5] En capítulo posterior se tratan los aspectos generales del seguro de transporte.

[6] Desde el sitio web del Ministerio de Fomento, dentro del área de actividad de transporte terrestre, en el apartado de servicios al transportista, se puede acceder a las direcciones, teléfonos y, en su caso, sitios web de las distintas JAT. En estos sitios se orienta sobre el procedimiento y, en la mayoría de los casos, se pueden descargar o formalizar las solicitudes de reclamación, depósito, subasta e incluso el formulario de designación de representante de la empresa ante la JAT.

serva o reclamación entre las partes para posteriormente recurrir a la JAT o juzgado para reclamar la indemnización correspondiente. Por tanto, uno de los documentos que se ha de aportar es la prueba de dicha comunicación de reservas del destinatario o cargador al porteador en el plazo indicado en dicho artículo.

El plazo para presentar la solicitud de intervención de la JAT es el propio plazo de prescripción de las acciones, analizado en el artículo 79 de la LCTT. En general, es de un año y su cómputo se inicia en diversos momentos, según el objeto de la reclamación sea pérdida, avería, impago, etc. (véase el artículo 79). La parte que alegue que la acción está prescrita deberá probarlo.

El artículo 9.6 del ROTT especifica que no será necesaria la asistencia de abogado ni procurador. Se trata, en esencia, de buscar un procedimiento sencillo y antiformalista al que las partes confíen la capacidad para resolver sus controversias. El mismo artículo indica que las partes podrán conferir su representación mediante escrito dirigido a la JAT correspondiente. El dato referido a la representación suele constituir un apartado de la propia solicitud de intervención de la JAT y también se puede manifestar mediante declaración hecha en comparecencia personal de la parte que se quiere hacer representar.

13.3.1.2   *Aceptación de la reclamación*

Siempre que la reclamación cumpla con los requisitos establecidos y sea competencia de la JAT, ésta debe admitirla en cumplimiento de su obligación de prestar el servicio arbitral que la normativa establece.

La JAT, una vez recibida la solicitud de intervención, debe estudiar si es competente desde el punto de vista objetivo (materia que trata la reclamación), territorial y en función de la cuantía de la reclamación. Es importante que en la solicitud que se formula ante la JAT el reclamante cuantifique en euros el valor en que evalúa la reclamación.

Una vez comprobada la competencia de la JAT, ésta comprobará que la solicitud cumpla con los requisitos fijados en el artículo 9.2 del ROTT ya comentado. Si falta algún requisito, se le comunicará al reclamante y se le instará a su subsanación.

13.3.2   *Comunicación y citación para la vista*

La JAT traslada copia de la reclamación a la parte reclamada y en ella se le indica la fecha y hora de la vista oral. Igualmente, se le comunica a la parte reclamante la citación sobre la celebración de la vista oral.

Las JAT suelen celebrar dos vistas orales por semana, y el plazo medio de citación desde la solicitud de intervención es de dos a tres meses.

13.3.3   *Vista oral*

13.3.3.1   *Falta de asistencia y alegaciones iniciales*

La no asistencia de alguna de las partes no impide la celebración de la vista siempre que se cumpla con los apartados 5 y 7 del artículo 9 del ROTT, que disponen que deberán estar presentes el presidente y el reclamante. La inasistencia de cualquiera de los miembros de la junta, con excepción de éstos, no impedirá que se celebre la vista.

Como paso previo a que las partes expresen sus alegaciones, la parte reclamada tiene la posibilidad de oponerse al arbitraje, recusar algún miembro de la JAT (en virtud de los artículos 17 y 18 de la LAR), alegar la prescripción de la acción por la que se reclama, acuerdo de sumisión a otra JAT o la renuncia expresa al arbitraje, etc.

13.3.3.2   *Alegaciones de las partes sobre la controversia*

El artículo 9.4 del ROTT dispone que en la vista oral las partes podrán alegar lo que a su derecho convenga, y aportar o proponer las pruebas que estimen pertinentes. Asimismo, establece que la JAT dictará laudo, una vez oídas las partes y practicadas o recibidas las pruebas que considere oportunas, en el plazo estipulado.

Inicia el reclamante la explicación de sus alegaciones ante la JAT, las cuales deben coincidir con las que inicialmente expresó en su solicitud. Expondrá o solicitará las pruebas pertinentes y quedará a juicio de la JAT su admisión o no. A continuación, el reclamado actúa de manera similar.

Si la JAT estima que necesita practicar alguna prueba que no se puede desarrollar en se momento, suspenderá la vista para su realización. En caso contrario, el procedimiento finaliza con la emisión del laudo arbitral.

13.3.4   *El laudo arbitral*

13.3.4.1   *Emisión y naturaleza del laudo arbitral*

El laudo de la JAT sustituye a la sentencia o decisión judicial y produce efectos idénticos a la cosa juzgada. Está regulado principalmente por los artículos 37 a 46 de la LAR, donde se indican aspectos relativos a plazo, forma, contenido, comunicación, anulación y revisión del laudo, y ejecución forzosa del laudo, entre otros.

El plazo general para dictar laudo, desde la presentación de la solicitud de intervención a la JAT, es de seis meses. El laudo se adopta por mayoría simple de los miembros de la JAT, aunque en aplicación del artículo 9.7 del ROTT el presidente sólo puede dictar laudo.

El laudo debe formalizarse por escrito y estar motivado. Finalmente, el secretario de la JAT notifica el laudo a las partes. A partir de ese momento, la parte correspondiente debe proceder a su cumplimiento.

Dentro de los diez días siguientes a la fecha de notificación, y a solicitud de las partes, los miembros de la JAT podrán corregir, aclarar o complementar el laudo.

El artículo 9.8 del ROTT indica que el laudo no requiere de formalidades especiales y que sólo admite en su contra las acciones de revisión y anulación por las causas contempladas en la LAR. También indica que se puede obtener su ejecución forzosa ante el juzgado competente transcurridos veinte días desde que se dictó.

13.3.4.2   *Recursos ante el laudo arbitral*

Un laudo equivale a la cosa juzgada e incluso tiene mayor seguridad en cuanto que no admite recurso ordinario, es decir, sus postulados no pueden ser cambiados por otros tribunales.

El laudo arbitral sólo admite dos opciones de recurso (la acción de anulación y la revisión del laudo), referidas a aspectos formales del proceso y nunca sobre el fondo de la resolución de la controversia dictada por la JAT.

La acción o recurso de anulación se regula en el título VII, artículos 40 a 42, donde se especifica que los únicos motivos de anulación que debe alegar y probar la parte que la solicita son:

a) Que el convenio arbitral no existe o no es válido.

b) Que no ha sido debidamente notificada la designación de un árbitro o las actuaciones arbitrales o que no ha podido, por cualquier otra razón, hacer valer sus derechos.

c) Que los árbitros han resuelto sobre cuestiones no sometidas a su decisión.

d) Que la designación de los árbitros o el procedimiento arbitral no se han ajustado al acuerdo entre las partes, salvo que dicho acuerdo fuera contrario a una norma imperativa de esta ley o, a falta de dicho acuerdo, que no se han ajustado a ésta.

e) Que los árbitros han resuelto sobre cuestiones no susceptibles de arbitraje.

f) Que el laudo es contrario al orden público.

La acción de anulación deberá ejercitarse en los dos meses posteriores a la notificación del laudo.

La revisión del laudo se regula en el artículo 43 de la LAR, que remite a lo establecido en la Ley de Enjuiciamiento Civil (LEC) para las sentencias firmes.

13.3.4.3   *Ejecución forzosa del laudo arbitral*

Recurrir a la ejecución forzosa del laudo desvirtúa el cumplimiento de los objetivos del arbitraje. Las partes que se someten al arbitraje lo hacen de manera voluntaria y entienden esta vía como más ventajosa, rápida, sencilla y económica que la tradicional vía judicial.

Es de esperar, por tanto, como consecuencia de la sumisión voluntaria, la aceptación y el cumplimiento del laudo por la parte obligada a ello, suponiendo normalmente el pago de una indemnización o el desistimiento de una reclamación.

Sin embargo, en los casos en que voluntariamente el laudo no se cumple por la parte obligada a ello, las ventajas del sistema arbitral se diluyen al tener que recurrir a la ejecución forzosa. Ésta se regula en el citado artículo 9.8 del ROTT, en la LAR y en la Ley 1/2000 de Enjuiciamiento Civil, de 7 de enero de 2000 (BOE de 8 de enero).

Capítulo 14
Reclamación de deudas por transporte ante los tribunales: el proceso monitorio

14.1 Introducción y regulación del proceso monitorio

En el caso de que las partes no solucionen sus controversias de forma amistosa, y no sean competentes las JAT, se puede recurrir a los tribunales y demandar judicialmente a la parte que ha incumplido sus obligaciones derivadas del contrato de transporte dentro del plazo de prescripción (un año, en general).

Los procesos judiciales y las garantías que los regulan requieren de la intervención y el asesoramiento a la empresa por parte de un abogado especializado en la materia. Sin embargo, quisiéramos analizar brevemente un procedimiento judicial llamado «proceso monitorio», al que se puede recurrir como vía de reclamación de deudas dinerarias. Aunque se puede optar por esta vía para reclamar una deuda dineraria de cualquier origen, analizamos este proceso como manera de reclamar débitos monetarios que se originen en el contrato de transporte por carretera.

Nos centramos en el proceso monitorio por su simplicidad y analogía con el proceso de arbitraje analizado en el capítulo anterior, y porque es aplicable, en razón de la cuantía que permite reclamar, a la mayoría de las controversias por incumplimiento del contrato de transporte nacional de mercancías por carretera.

El proceso monitorio se regula en los artículos 812 a 818 de la Ley 1/2000, de 7 de enero, de Enjuiciamiento Civil (LEC).

14.2 Casos en que procede el proceso monitorio

Este tipo de juicio intenta ofrecer una protección rápida y eficaz para los acreedores de una deuda dineraria de cantidad determinada, vencida y exigible que no exceda los 30.050,605 €.

Este umbral hace del proceso monitorio una manera de resolver controversias típicas de transporte como, por ejemplo, impago del servicio de transporte, etc.

Se debe acreditar la cuantía de la deuda por alguna de las formas estipuladas en el artículo 812 de la LEC, es decir, mediante documentos firmados por el deudor o mediante facturas, certificaciones, telegramas, burofax u otros que, aunque creados por el acreedor, sean de los que habitualmente documentan los créditos y deudas (la factura de transporte, por ejemplo).

14.3   Interposición de la demanda y petición inicial

La demanda se debe presentar ante el juez de primera instancia del domicilio o residencia del deudor o, si no se conocen, el del lugar en que el deudor pudiera ser hallado a efectos del requerimiento de pago.

El proceso monitorio se inicia mediante petición del acreedor en la que se identificará al deudor, domicilio de ambos y se detallará el origen y la cuantía de la deuda. Deben acompañarse a este escrito la documentación probatoria de la deuda que se reclama (facturas, certificaciones, laudo arbitral, etc.). No se requiere procurador ni abogado para la presentación de la petición inicial del procedimiento monitorio. Es habitual encontrar modelos de formularios para esta petición inicial tanto en internet como en los puestos de información al ciudadano de los juzgados.

14.4   Admisión de la petición y requerimiento de pago

Una vez el juzgado admite a trámite la demanda, se requiere al deudor para que, en un plazo de veinte días, pague al acreedor y lo acredite ante el tribunal. En caso de que el deudor considere que no debe pagar, en todo o en parte, la deuda reclamada, éste debe comparecer ante el tribunal y alegar por escrito las razones de su oposición.

14.5   Incomparecencia, pago u oposición del deudor

Si el deudor no comparece, se despacha auto de ejecución y embargo de bienes por la cantidad adeudada. Si, por el contrario, paga la deuda en el plazo estipulado, se le entregará justificante de pago.

Por otra parte, si el deudor presenta escrito de oposición, la controversia deberá resolverse definitivamente en un juicio que será verbal, siempre y cuando la cuantía reclamada no supere los 3.005,06 €, y ordinario en caso contrario. Este escrito de oposición requiere de la intervención de abogado y procurador cuando la cuantía exceda de 901,52 €.

Finalmente, si la cuantía reclamada es menor a 3.005,06 €, el tribunal procederá de inmediato a convocar la vista. Cuando dicha cuantía es mayor y el reclamante no interpone demanda en el plazo de un mes desde el traslado del escrito de oposición, se cierra el proceso y el acreedor paga las costas. Si el acreedor presenta demanda, se seguirá el proceso en juicio ordinario.

Capítulo 15
Aspectos generales del seguro de transporte de mercancías por carretera

15.1 Regulación, independencia del contrato de transporte y razones para contratar un seguro

La contratación de un seguro que cubra los riesgos de las operaciones de transporte es vital para cualquier empresa, ya sea cargadora o porteadora. El contrato de seguro se regula por la Ley 50/1980, de 8 de octubre (BOE de 17 de octubre), y en adelante LCS. Ésta clasifica el contrato de seguro de transportes terrestres como de daños y lo trata en su título II (sección 1.ª y 4.ª, artículos 54 a 62) definiéndolo de esta manera:

«Por el seguro de transporte terrestre el asegurador se obliga, dentro de los límites establecidos por la ley y en el contrato, a indemnizar los daños materiales que puedan sufrir con ocasión o consecuencia del transporte las mercancías porteadas, el medio utilizado u otros objetos asegurados».

Cargador y porteador deben distinguir la independencia entre los contratos de transporte y de seguro. Ambos contratos tienen relación, y se pueden referir a una misma operación, pero los términos de cada uno son distintos y las partes no pueden alegar uno para exigir o eximirse de su responsabilidad en el otro. Por ejemplo, un transportista no puede alegar que no tiene la obligación de pagar al cargador el daño o pérdida de una mercancía porque su compañía no se hace cargo de la indemnización.

Podemos distinguir entre un seguro de daños o mercancías que contrataría un cargador/expedidor (propietario de una mercancía), y el seguro de responsabilidad civil (con escasa regulación en los artículos 73 a 76 de la LCS) del porteador (transportista, agencia, etc.) que lo contrata para cubrirse ante los riesgos derivados de sus responsabilidades en aplicación de la LCTT. Sin embargo, en la práctica diaria, los porteadores suelen formalizar con las aseguradoras contratos de seguro que van más allá de su mera responsabilidad civil y que actúan como seguros de daños.

Ni el cargador ni el porteador están obligados por ley a contratar un seguro. No obstante, su contratación es conveniente.

Al transportista le interesa asegurar, entre otras razones, porque las operaciones de transporte están sujetas a riesgos por su propia naturaleza (siniestros, accidentes, retrasos, daños, etc.), es responsable de la pérdida, avería o retraso en la entrega en los términos que estipula la LCTT, y para ofrecer una cobertura a sus clientes que aporte valor añadido a su servicio (sin tener que resolver las controversias pagando directamente o recurriendo a tribunales o juntas arbitrales de transporte).

Por su parte, al propietario de las mercancías le interesa asegurar sus operaciones de transporte porque, por ejemplo, no en todas las situaciones en las que se produce un daño a los intereses del cargador es responsable el transportista (por ejemplo en los casos de fuerza mayor, como inundaciones o heladas), y puede resultar imposible cobrar las indemnizaciones que debería pagar el porteador (insolvencia del transportista), o para agilizar el proceso de compensación de daños a sus intereses. Una vez cobrada la indemnización del seguro, la compañía aseguradora, en acción de recobro, se dirigirá contra el porteador para tratar de cobrársela (otra razón para que el porteador contrate un seguro que cubra su responsabilidad).

15.2   Aspectos prácticos en la contratación del seguro. Las coberturas

El contrato de seguro se formaliza en la póliza. Ésta se compone de las condiciones generales y particulares. Las primeras recogen estipulaciones comunes para todas las pólizas del mismo ramo o sector (las dos más usadas son las Condiciones Generales Unespa, de 1983, y las Cláusulas del Instituto de Aseguradores de Londres para carga, o ICC, en sus tres variantes, A, B y C).

Los riesgos que suelen cubrirse en las condiciones generales son: incendio, rayo o explosión, accidente del medio de transporte, accidente de buque a bordo del que se transporte el camión o robo con intimidación. Por contra, suelen excluirse el dolo o la mala fe, el retraso, el vicio propio de la mercancía, la insuficiencia o deficiencia de embalaje y, en general, algunas mercancías: perecedera, animales, etc.

Las condiciones particulares recogen todos los datos específicos de cada contrato y permiten ampliar y concretar los riesgos cubiertos en las condiciones generales adaptando el contrato de seguro a las necesidades del tomador.

Tradicionalmente, se reflejaban las coberturas de riesgo a los transportistas mediante expresiones del tipo «cobertura LOTT 150.000 €» o similar. Se indicaba así que el asegurador cubría las responsabilidades del porteador, según la LOTT, hasta el importe especificado (tras la entrada en vigor de la Ley 15/2009, sin embargo, deben adaptarse las pólizas con expresiones de cobertura que hagan referencia a dicha norma). Esta interpretación no es exacta, ya que por ejemplo se excluye expresamente el retraso, aunque la ley reguladora del contrato de transporte sí hace responsable al porteador de los perjuicios que éste ocasione.

Se observa así que los seguros contratados por los transportistas no son «puros» de responsabilidad, pues suelen cubrir riesgos de los que, según la LCTT, no son responsables (fuerza mayor, etc.). No obstante, la LCTT estipula que sí son responsables por retraso en la entrega, y las pólizas de seguro rara vez lo cubren.

En cuanto a la suma asegurada, debe tenerse en cuenta una cuantía que, por ejemplo, cubra para los vehículos de mayor capacidad de carga (unas 26 t) la indemnización máxima exigible por la LCTT (5,91 €/kg). La relación de ambas magnitudes (26.000 kg × 5,91 €) sitúa la suma asegurada en torno a los 155.000 €.

Al porteador, en caso de optar por contratar un seguro de transporte, se le presentan dos alternativas: contratar un seguro que cubra estrictamente su responsabilidad como porteador en función de la LCTT, esto es de responsabilidad civil, o contratar un seguro de mayor cobertura, es decir, de daños. En este último caso, se contratan coberturas mayores como la «ICC A», avería del equipo frigorífico, huelgas, etc., con la finalidad de que el transportista ofrezca una mayor cobertura y servicio a sus clientes. A mayor cobertura, mayor prima y coste de transporte.

Capítulo 16
Casos prácticos

Caso práctico 1

Comentarios previos al caso

En este caso práctico expondremos una operación de transporte de mercancía perecedera en vehículo frigorífico. Para contratar el transporte, el cargador remite una orden de carga al porteador donde se formalizan las condiciones del transporte previamente pactadas por teléfono (precio, plazo, etc.).

A continuación, se presenta la carta de porte (documento de control) en el que se formaliza el contrato de transporte. Hemos escogido un modelo de edición libre basado en los formularios más usados en el mercado y con particularizaciones ventajosas para el cargador.

Exposición del caso práctico

La empresa Frutas del Valle, SA, situada en Totana (Murcia), se dedica a la producción y venta al por mayor de productos hortofrutícolas a escala nacional y europea.

Ha contratado, mediante contacto telefónico y orden de carga dirigida por fax al porteador, un transporte por carretera con la empresa Friotrans, SL, situada en Lorca (Murcia).

El destinatario del envío es la cadena de supermercados Todocerca, SA, domiciliada en Sevilla, con la que se ha acordado la entrega de este envío en uno de sus almacenes.

Descripción del envío

- Lechuga tipo iceberg C-10 en 1.680 cajas de cartón embaladas en 28 europalés, numeradas correlativamente (de la 1 a la 1.680) y marcadas con «Frutas del Valle».

ORDEN DE CARGA

FRUTAS DEL VALLE, SA
Polígono Industrial El Saladar, parcela B16,
Totana, 30850, Murcia (España)
Tel: 968123457   Fax 968123458

Fecha: 25/02/2010	*Referencia:* 2010/328
De: Dep. Comercial de Frutas del Valle, SA Tel. 968123456	*Para:* Friotrans, SL *Atención de:* jefe de tráfico

Identificación del vehículo

Características especiales de los vehículos:
Se solicita un vehículo frigorífico ATP con capacidad de carga de 33 europalés

Condiciones para la carga y descarga

Fecha carga: 26-2-2010 *Hora carga:* 10.00 h.	*Lugar de carga:*	Frutas del Valle, SA Polígono Industrial El Saladar, parcela B16, Totana, 30850, Murcia

Observaciones: Intercambiar los 28 europalés tipo EUR EPAL

Fecha descarga: 26-2-2010 *Hora descarga:* entre las 18 y las 19 h.	*Lugar de descarga:*	Todocerca, SA Parque Tecnológico de Sevilla, parcela 74, 41014, Sevilla

Descripción de la mercancía

El envío se compone de 28 europalés con un total 1.680 cajas de cartón que contienen lechuga «iceberg» calibre 10. Se requiere 3 °C de temperatura durante todo el transporte

Precio del transporte:	700 €

Condiciones del transporte:

1. Respetar todas las indicaciones incluidas en esta orden de carga y especificadas en estas condiciones de transporte. En lo no especificado, será de aplicación la Ley 15/2009 del Contrato de Transporte Terrestre de Mercancías (BOE de 12 de noviembre de 2009).
2. La carta de porte (documento de control) se formalizará en formato y formulario preparado por el expedidor. El conductor revisará la carga y firmará el registro de temperatura de la mercancía.
3. Estar en posesión del seguro de responsabilidad civil obligatorio. Tener contratado el seguro de mercancías en condiciones de cobertura según la Ley 15/2009 o LOTT, en cualquier caso, suficientes para cubrir el valor de la mercancía declarado en la carta de porte.
4. Informar con la debida antelación al departamento comercial de Frutas del Valle en caso de retraso, incidencia o desacuerdo con el destinatario en la entrega.
5. Informar al departamento comercial de Frutas del Valle sobre cualquier indicación contraria a estas condiciones expresadas por el destinatario en la carta de porte.
6. Realizar el control de la descarga de la mercancía, que será efectuada por el destinatario con especial atención a la temperatura, y asegurarse de que se entrega toda la mercancía relacionada en el albarán adjunto a la carta de porte y que el destinatario firma la carta de porte y el albarán.
7. Cumplir con la normativa relativa a la circulación en carretera.
8. Enviar el original 4 de la carta de porte y el albarán firmados por el destinatario junto a la factura de transporte al término de la operación al departamento comercial de Frutas del Valle.
9. Forma de pago: pagaré a 60 días desde la fecha de recepción de su factura junto al ejemplar 4 de la carta de porte y el albarán, ambos firmados por el destinatario.
10. En caso de no recibir un fax indicando lo contrario, entendemos que las condiciones expuestas quedan aceptadas.

Dirección de envío de facturas:
Frutas del Valle, SA. Polígono Industrial El Saladar, parcela B16, Totana, 30850, Murcia
Departamento comercial.

Figura 16.1. Orden de carga que remite el cargador al porteador.

- Las dimensiones de las cajas son 0,60 m × 0,40 m × 0,16 m (largo, ancho y alto), y un peso medio bruto de 6 kg/caja.
- Frutas del Valle paletiza 60 cajas de este producto en europalé.
- El peso y la altura del europalé son 25 kg y 15 cm, respectivamente.

Fecha de carga e instrucciones del cargador/expedidor

- Remitente: Frutas del Valle.
- Fecha de carga: 26 de febrero de 2010, a las 10.00 h.
- Plazo de entrega: 26 de febrero entre las 18.00 y las 19.00 h.
- Uso de un vehículo frigorífico ATP con capacidad de carga de hasta 33 europalés.
- Mantener la temperatura a 3º C durante todo el transporte.
- Se usan 28 europalés intercambiables tipo EUR EPAL. Intercambiar europalés.
- Se adjunta y entrega al transportista factura comercial y albarán.

Precio y otros datos del transporte

- Precio del transporte: 700 €.
- Portes pagaderos en origen (portes pagados).
- Matrículas del vehículo: 7839-CKF (tractora) y R-1606-DGC (semirremolque).
- La mercancía fue recibida el día 26 de febrero de 2010 en Sevilla por el encargado del almacén de destino, quien firmó en la entrega la carta de porte.

Controversias posibles y su resolución aplicando la LCTT

1. Paralizaciones (artículo 22 LCTT)

El vehículo se pone a disposición para la carga en el almacén de origen a las 10.00 h. La operación de carga finaliza a las 14.45 h. ¿Qué consecuencias derivan?

En primer lugar, el porteador debe reflejar esta circunstancia en la documentación, cuya copia se queda a modo de prueba (carta de porte). En segundo lugar, se genera el derecho del porteador de exigir una indemnización al cargador por 106,5 €.

Cálculo de horas de paralización: de las 10.00 a las 12.00 h. se computan dos horas libres, y entre las 12.00 a las 14.45 h. transcurren dos horas y cuarenta y cinco minutos que, a efectos del cómputo de horas de paralización, suponen tres horas completas (3 h × 17,75 € × 2 = 106,5 €).

CONTRATO MERCANTIL DE TRANSPORTE DE MERCANCÍAS POR CARRETERA

Documento de control para transporte nacional de mercancías

(Orden Fomento 238/2003, BOE de 13-2-2003)   Referencia 2010/328

1 Cargador/remitente (nombre, domicilio y CIF/NIF)	El presente contrato se regirá, en lo no previsto expresamente en el mismo, por la Ley del Contrato de Transporte Terrestre de Mercancías (Ley 15/2009, BOE de 12 de noviembre)
Frutas del Valle, SA Polígono Industrial El Saladar, parcela B16, 30850 Totana, Murcia (España)	

2 Consignatario/destinatario (nombre, domicilio y CIF/NIF)	6 Porteador (transportista u operador de transportes que ha contratado directamente con el cargador) (nombre, domicilio y CIF/NIF)
Todocerca, SA Parque Tecnológico de Sevilla, parcela 74, 41014 Sevilla	Friotrans, SL Polígono Industrial Saprelorca, parcela C20, 30800 Lorca (Murcia) 7 Porteadores sucesivos (nombre, domicilio y CIF/NIF)

3 Lugar de entrega de la mercancía (localidad)	8 Matrícula Tractora	9 Matrícula Remolque
Parque Tecnológico de Sevilla, parcela 74, 41014 Sevilla	7839-CKF	R-1606-DGC

4 Lugar y fecha de carga de la mercancía (lugar, fecha)	10 Reservas y observaciones del porteador
Polígono Industrial El Saladar, parcela B16, 30850 Totana, Murcia (España) 26-2-2010 a las 10.00 horas	

5 Documentos anexos

Factura comercial y albarán

11 Marcas y nº de los bultos 12 Número de bultos 13 Clase de embalaje 14 Naturaleza de la mercancía	15 Peso bruto, kg	16 Volumen m³
Frutas del Valle, 1.680 cajas cartón lechuga iceberg C-10 Se intercambian los 28 europalés EUR EPAL	10.780	

Clase	Cifra	Letra	(ADR)*

17 A pagar por:		18 Instrucciones del remitente
Remitente	X	Las partes intervinientes en este contrato, con renuncia de su propio fuero, y para la resolución de cuantas cuestiones o controversias pudieran derivarse de este contrato, se someten expresamente a la competencia de la Junta Arbitral de Transporte de la provincia de Murcia (España).
Consignatario		
Precio del transporte:		

19 Estipulaciones particulares** acerca de la carga y descarga o condiciones de transporte

Mantener a 3 ºC durante todo el transporte.

Entregar en destino el 26-2-2010 entre las 18 y las 19 h.

20 Formalizado en Totana   a 26 de Febrero de 2010

21	22	23 Recibo de la mercancía
Frutas del Valle, SA Pol. Industrial El Saladar, B16, 30850 Totana, Murcia (España) Firma y sello del cargador	Friotrans, SL Pol. Industrial Saprelorca, P C20, 30800 Lorca (Murcia) Firma y sello del porteador	Lugar Sevilla a 26 febrero de 2010 Todocerca, SA P. T. de Sevilla, parcela 74, 41014 Sevilla Firma y sello del consignatario

Figura 16.2. Carta de porte (documento de control) que formaliza el contrato de transporte entre el cargador y el porteador (incluye la firma del destinatario, ejemplar en destino).

2. Plazo de entrega de las mercancías al destinatario. Retraso (artículos 47, 56 y 57)

Supongamos que el porteador entrega las mercancías en destino el día 27 de febrero de 2010 a las 16.00 h. El destinatario debe reflejar el plazo de entrega con retraso en los ejemplares de la carta de porte en destino. Si el retraso ha producido un perjuicio económico, lo cual debe probarse por el cargador, éste deberá remitir por fax la reclamación al porteador solicitando una indemnización de, cómo máximo, el precio del transporte.

3. Estado de las mercancías en destino y reclamación por avería
   (artículos 34, 47, 48, 53, 55, 57 y 60)

Si a la llegada de la mercancía a destino el destinatario observa daños en la carga, éste los expresará en la carta de porte con expresiones del tipo «palés mojados», «falta de 4 bultos», etc. Ese hecho ya constituye una formalización de reservas que, posteriormente, el cargador o destinatario deberán concretar y cuantificar mediante reclamación escrita al porteador.

Recibida la reclamación por el porteador y avisadas las compañías de seguros, se alega por parte del porteador que durante el transporte se mantuvieron las condiciones de temperatura marcadas por el expedidor, lo que se puede probar, según argumenta, con los registros del termógrafo. Hechas las comprobaciones oportunas, si se prueba lo que alega el porteador no habrá lugar para la reclamación del cargador, pues los informes de los peritos determinarán otra causa para la avería.

Si se comprueba que durante el transporte la temperatura no ha sido la acordada, y que esa ha sido la causa del daño, la reclamación prosperará y el porteador deberá hacer frente (por sí mismo o por su aseguradora) a una indemnización por avería.

Si la mercancía ha quedado totalmente inservible para su uso, se deberá indemnizar por el total de su valor en origen, con el máximo de 5,91 €/kg bruto.

Supongamos que se puede probar, mediante factura, que el valor comercial del envío asciende en su totalidad a 5.040 € (3 € por caja). Entonces se deben comparar este valor y el máximo según la LCTT (5,91 €/kg bruto), y el menor de ambos será el exigible al porteador vía indemnización.

Valor de la mercancía averiada en su totalidad: 5.040 €.

Límite máximo: 63.709,8 € (10.780 kg × 5,91 €).

Indemnización exigible al porteador: 5.040 €.

Caso práctico 2

Comentarios previos al caso práctico

En este caso práctico vamos a ilustrar una operación en la que, como carta de porte, se utiliza un formulario estándar de documento de control con varios ejemplares autocopiativos. Su formato se inspira en las cartas de porte CMR (transporte internacional) con adaptaciones para cumplir con la O.FOM 238.

El cargador va a contratar con un operador de transporte que, a su vez, va a contratar como cargador a un porteador efectivo (intermediación).

Durante la entrega del envío al porteador efectivo, la empresa expedidora, por razones de seguridad en el almacén, no permite al conductor revisar la carga. La empresa expedidora acuerda el uso de un precinto de seguridad entre los almacenes de origen y destino. El expedidor declara el valor de la mercancía en la carta de porte.

Exposición del caso práctico

La empresa Vinogroño, SA, situada en Logroño (La Rioja), es una bodega dedicada a la elaboración y comercialización de vino. El 22 de marzo de 2010 contrató, mediante orden de carga, el transporte de un envío de sus productos con el operador de transporte Opetrans, SL, con domicilio en Zaragoza. Opetrans contrata a su vez, realizando una intermediación habitual en el sector del transporte por carretera, con la empresa transportista Bilbatrans, SL, domiciliada en Bilbao.

La compradora y destinataria de la mercancía es la empresa catalana Losvinos, SL, con domicilio en Barcelona. El envío debe entregarse en su almacén, situado en Argentona (Barcelona).

Descripción del envío

- El envío se compone de 34 europalés que contienen cajas de dos tipos de vino. Se cargan 20 europalés de vino Pedro Campos y 14 de vino Amontillado.
- El número total de cajas de vino Pedro Campos es de 1.200, y el de Amontillado 490, con un total de 1.690 cajas. En botellas, se transportan 9.600 de Pedro Campos y 1.470 de Amontillado.
- Los europalés y cajas van marcados con «Vino Pedro Campos» y «Vino Amontillado» según corresponda y, además, todos incluyen la marca Vinogroño.

<table>
<tr><td colspan="4" align="center">DOCUMENTO DE CONTROL
(Orden Fomento 238/2003, BOE de 13-2-2003)</td></tr>
<tr><td colspan="2">Referencia 2010/432</td><td colspan="2" align="center">Contrato mercantil de transporte de mercancías por carretera
El presente contrato se regirá, en lo no previsto expresamente en el mismo, por la Ley del Contrato de Transporte Terrestre de Mercancías (Ley 15/2009, BOE de 12 de noviembre)</td></tr>
<tr><td colspan="2">1 Cargador/remitente (nombre, domicilio y CIF/NIF)

Vinogroño, SA
Pol. Portalada,
28006 Logroño (La Rioja)</td><td colspan="2" rowspan="2"></td></tr>
<tr><td colspan="2" rowspan="2">2 Consignatario/destinatario (nombre, domicilio y CIF/NIF)

Losvinos, SL
Pol. Industrial El Cros,
08310 Argentona (Barcelona)</td></tr>
<tr><td colspan="2">6 Porteador (transportista u operador de transportes que ha contratado directamente con el cargador) (nombre, domicilio y CIF/NIF)
Opetrans, SL. C/ Turiaso, P. I. Plaza
50197 Zaragoza
7 Porteador efectivo (nombre, domicilio y CIF/NIF)
Bilbatrans, SL
Pol. Industrial Bolueta, 48004 Bilbao</td></tr>
<tr><td colspan="2">3 Lugar de entrega de la mercancía al destinatario (localidad)

Pol. Industrial El Cros,
08310 Argentona (Barcelona)</td><td>8 Matrícula Tractora
7305- DGH

Matrícula Tractora (sustituto)</td><td>9 Matrícula Remolque
R-5730-FDS

Matrícula Remolque sustituto</td></tr>
<tr><td colspan="2">4 Lugar y fecha de carga de la mercancía por el porteador (lugar, fecha)
Pol. Portalada, 28006 Logroño
23-3-2010</td><td colspan="2" rowspan="2">10 Reservas y observaciones del porteador
Al conductor no se le ha permitido reconocer y examinar el envío conforme a los artículos 25 y 26 de la Ley 15/2009.</td></tr>
<tr><td colspan="2">5 Documentos adjuntos a este documento de control
Factura comercial y albarán 2010/432</td></tr>
</table>

11 Marcas	12 Nº de bultos	13 Tipo de embalaje	14 Descripción de la mercancía	15 Peso bruto	16 Volumen
Vinogroño	20	europalés	9.600 botellas de vino reserva «Pedro Campos»	11.060	
Vino Pedro Campos	1.200	cajas			
Vinogroño	14	europalés			
Vino Amontillado	490	cajas	1.470 botellas de vino «Amontillado»	2.604	
Total	34 europalés y 1690 cajas				
Se coloca precinto de seguridad núm. 645-A			11.070 botellas	13.664	

<table>
<tr><td colspan="2" align="center">Control de palés en la carga</td><td colspan="2" align="center">Control de palés en la descarga</td></tr>
<tr><td>Entregados vacíos por el porteador</td><td>Recogidos cargados por porteador</td><td>Entregados cargados por porteador</td><td>Recogidos vacíos por el porteador</td></tr>
<tr><td align="center">0</td><td align="center">34</td><td align="center">34</td><td align="center">34</td></tr>
</table>

<table>
<tr><td>17 Instrucciones del remitente

Mantener en vertical

Entregar antes de las 17.00 h. del 23/03/2010</td><td colspan="3">18 Estipulaciones particulares/ condiciones de transporte
Las mercancías quedan valoradas a efectos del artículo 61.1 de la Ley 15/2009 del Contrato de Transporte Terrestre de Mercancías en 91.500 €, 8 €/botella de P.Campos y 10 €/botella Amontillado.</td></tr>
<tr><td rowspan="2">19 Obligado al pago del transporte

20

Formalizado en Logroño a 23 de marzo de 2010</td><td rowspan="2">X Remitente

Destinatario</td><td>21 A pagar por

Precio del transporte

−Descuento/+Recargos

Total</td><td>Remitente   Destinatario</td></tr>
<tr><td colspan="2"></td></tr>
<tr><td>22
Vinogroño, SA
Pol. Portalada,
28006 Logroño (La Rioja)
Firma y sello del cargador</td><td colspan="2">23
Bilbatrans, SL
Pol. Industrial Bolueta,
48004 Bilbao
Firma y sello del porteador</td><td>24 Recibo de la mercancía
Lugar   a

Firma y sello del consignatario</td></tr>
</table>

Figura 16.3. Ejemplar 1 del documento de control (carta de porte) que formaliza el expedidor (ejemplar de origen, no incluye firma del destinatario).

Fecha de carga e instrucciones del remitente-cargador

- Fecha de carga: 23 de marzo de 2010. Hora de carga: 8.00 h.
- Fecha de entrega: 23 de marzo de 2010. Hora máxima de entrega: 17.00 h.
- Mantener las cajas en posición vertical.
- Se adjunta y entrega al transportista factura comercial y albarán.

Precio del transporte y otros datos

- Precio por kilómetro: 1,2 € (acuerdo entre Vinogroño y Opetrans). Distancia: 505 km.
- Portes pagaderos en origen (portes pagados).
- La mercancía fue recibida el día 23 de marzo de 2010 en Argentona (Barcelona).

Controversias posibles y su resolución aplicando la LCTT

1. Intermediación en la contratación de un operador de transporte (artículos 4, 5, 6, 47 y 60 de la LCTT).

Implicaciones que se generan:

a) Los dos porteadores, Opetrans y Bilbatrans, son responsables de la ejecución correcta del transporte y contratan ambos en nombre propio.

b) Se generan dos contratos de transporte. En el contrato 1 el cargador es Vinogroño y el porteador Opetrans. En el contrato 2, el cargador es Opetrans y el porteador Bilbatrans. Ambos contratos están relacionados pero son independientes, no pudiendo alegar las partes lo pactado en uno respecto a su responsabilidad en el otro.

c) Cada contrato está formalizado en la orden de carga correspondiente y en el documento de control común.

d) Las reservas se comunican por parte del destinatario a cualquiera de los dos porteadores, Opetrans o Bilbatrans, y éstos deben comunicárselas entre ellos.

2. Declaración de valor de las mercancías (artículos 47, 52, 53, 55, 57, 58, 60, 61 y 79)

Supongamos que se entregan en destino, por causa imputable al transportista (accidente, trasbordo incorrecto, etc.), solamente treinta europalés de los que conforman el envío y faltan cuatro de los que transportan vino Pedro Campos. El destinatario formula la reserva correspondiente en la entrega, manifestando en el documento de control la entrega parcial de la mercancía, que también comunica a Vinogroño.

La reclamación al porteador ascendería al valor de la mercancía perdida, en este caso 15.360 € (60 cajas/europalé, 8 botellas/caja, 8 €/botella; por tanto, 4 europalés perdidos × 60 cajas × 8 botellas × 8 € /botella = 15.360 €).

Opetrans argumenta que, según el peso de los europalés perdidos, que es de 2.212 kg (553 kg × 4), y el límite de indemnización por pérdida del artículo 57 de 5,91 € para 2010, el límite máximo de indemnización es de 13.072,9 € (2.212 × 5,91 €).

Sin embargo, al haber declarado el remitente el valor de la mercancía en el documento de control, y haberse firmado éste por el porteador efectivo, obliga tanto a Opetrans como a Bilbatrans a indemnizar hasta, como máximo, ese valor declarado.

3. Reclamación por impago de portes (artículos 37, 39 y 41)

Supongamos ahora que el cargador Vinogroño argumenta y reclama al porteador una indemnización por retraso cuyo perjuicio no demuestra. En este caso, si no se prueba el perjuicio, no cabe la reclamación de indemnización por retraso tal como indica el artículo 56 de la LCTT.

Aún así, el cargador, en compensación por la indemnización que no puede cobrar, decide no pagar a Opetrans el servicio de transporte. En este caso, Opetrans reclama a Vinogroño por impago de portes una vez llegado el momento del pago de dicho servicio y su incumplimiento.

En la orden de carga se acordó un plazo de pago del transporte de dos meses tras la presentación de la factura de portes junto al ejemplar 4 del documento de control y el albarán firmados. Opetrans presenta esta documentación a Vinogroño el 29 de marzo de 2010, por lo que deberá pagarse el transporte a fecha 29 de mayo de 2010.

El día 8 de junio de 2010 Opetrans reclama, por carta y fax, a Vinogroño por impago de portes y le concede un plazo de pago de 15 días ante cuyo incumplimiento advierte que solicitará la intervención de la junta arbitral de transporte competente.

Casos prácticos en línea

Además de los casos prácticos incluidos en el capítulo 16 de este libro, el lector puede consultar gratuitamente otros ejemplos sobre la aplicación de la Ley 15/2009, elaborados y actualizados por Alfonso Cabrera Cánovas, en la dirección web: **www.marge.es/el_contrato_de_transporte_por_carretera.**

Bibliografía

- *Gestión del transporte*, Jaime Mira y David Soler, Editorial Marge Books, Barcelona, 2010.

- *El contrato de transporte internacional. CMR*, Francisco José Sánchez-Gamborino, Editorial Tecnos, SA, Madrid, 1996.

- *La responsabilidad del porteador en el transporte internacional de mercancías por carretera, CMR*, Fernando Martínez Sanz, Editorial Comares, Granada, 2002.

- *CMR: Manual Práctico*, Francisco José Sánchez-Gamborino, Editorial Fundación Francisco Corell, Madrid, 2000.

- *Factbook transportes de mercancías por carretera*, Francisco José Sánchez-Gamborino y Juan Gaitán Rebollo, Editorial Aranzadi, SA, Navarra, 2003.

- *El seguro de las mercancías en el transporte*, Albert Badía y Felipe Arizón, Editorial Marge Books, Barcelona, 2009.

- *El contrato de seguro de transporte de mercancías por carretera*, Josefina Boquera Matarredona, Editorial Tirant lo Blanch, Valencia, 2002.

- *El seguro de transporte. Manual práctico*, Francisco José Sánchez-Gamborino, Editorial Fundación Francisco Corell, Madrid, 2007.

- *Guía del transporte frigorífico*, Instituto Internacional del Frío, A. Madrid Vicente Ediciones y Ediciones Mundiprensa, Madrid, 2002.

www.ingramcontent.com/pod-product-compliance
Lightning Source LLC
LaVergne TN
LVHW080430200726

843507LV00004B/770